Gedruckt auf Papier der
South African Pulp and Paper Industries

Der Kampf geht

JOE
CHIALO

Mein Leben zwischen zwei Welten

weiter

Inhalt

Für meinen Vater Isaya Chialo,
für meinen Pater Karl Oerder

INTRO

»Als es noch keine Landkarten gab, kannte die Welt keine Grenzen. Es waren die Landkarten, die ihr Gestalt verliehen und den Anschein erweckten, als handelte es sich um fest umrissene Gebiete, um etwas, das man besitzen konnte – und nicht um etwas, das in Schutt und Asche gelegt und geplündert werden konnte. Landkarten ließen Orte am Rande des Vorstellbaren fassbar und zugänglich werden. Und später, als es nötig wurde, wandelte sich die Geografie zur Biologie, mit der eine Rangordnung entworfen wurde, in die man die Menschen einordnen konnte, die in ihrer Abgeschiedenheit und Primitivität an anderen Orten auf dieser Landkarte lebten.«

Abdulrazak Gurnah, *Ferne Gestade*

Der Literaturnobelpreisträger Abdulrazak Gurnah wurde auf Sansibar, heute Tansania, geboren, lebt in Großbritannien. Ich entstamme einer tansanischen Diplomatenfamilie, kam in Bonn zur Welt und bin Deutscher.

Auf der inneren Landkarte von Menschen mit diesem Hintergrund haben sich für immer Wegmarken eingebrannt.

Der Sehnsuchtsgeruch nach roter Erde, Staub und Sonne, der sich nur in Ostafrika so tief ins Gedächtnis gräbt.

Der Kolonialismus und die Kämpfe um Selbstbestimmung, durch Generationen weitergetragen, fest verankert in der eigenen Identität.

Das Leben zwischen zwei Welten, zwei Heimaten, zwei Kontinenten. Ich bin ein Afropäer. Das sage ich mit Stolz. Denn ich habe gelernt, was es heißt, beide Seelen zu einer zu machen. Kein leichter Weg – und er endet nie.

In diesem Buch erzähle ich die Geschichte dieses Wegs. Es ist die Geschichte eines schwarzen Klosterschülers, der als Crossover-Metal-Sänger Karriere machen will, schließlich Musikmanager und Mitglied des CDU-Bundesvorstands wird. Eingebettet in diese Story sind meine politischen Botschaften: als fiktive Reden, als Appelle, endlich zu handeln. Es muss sein – und zwar jetzt.

Mein Vater hat mir ins Stammbuch geschrieben: »A luta continua.«

Der Kampf geht weiter – der Schlachtruf der Freiheitskämpfer gegen die Herrschaft der Portugiesen in Mosambik. Aber er ist so viel mehr.

Heute ruft er dazu auf, alle Anstrengungen zu unternehmen, um gemeinsam und friedlich eine bessere Gesellschaft zu schaffen. Die Herausforderungen, vor denen die Welt steht, zwingen uns dazu. Zur ehrlichen und mutigen Auseinandersetzung mit neuen Wahrheiten. Zu einem Kampf, an dessen Ende Gerechtigkeit und Miteinander stehen und wir alle die Sieger sind.

– EINS –

Achtung! Achtung!

ANKUNFT IN KURZEN HOSEN.
DER TOD MEINES VATERS.
EINTRITT IN DIE CDU.

Am 4. Januar 1979 kam ich auf dem Flughafen Köln/Bonn zum zweiten Mal zur Welt. Es war ein bitterkalter Tag und er beendete das Leben, wie meine Brüder und ich es bis dahin kannten. Die Sonne, die Weite, die Wärme, die Gerüche Afrikas – nur noch eine blasse Kopie in den Erinnerungen.

Der Winter in jenem Jahr war außergewöhnlich kalt und schneereich, noch heute wird er Jahrhundertwinter genannt. Damals versank Deutschland geradezu im Schnee. Im Norden waren Dörfer tagelang von der Außenwelt abgeschnitten. Im Rheinland türmten sich Schneeverwehungen so hoch, dass ich selbst auf Zehenspitzen nicht darüber hinwegschauen konnte, und tagsüber sanken die Temperaturen auf zweistellige Minuswerte. Es war spiegelglatt auf den Straßen. In vielen Wohnungen funktionierten die Heizungen nicht mehr, die Versorgung mit Lebensmitteln stockte, das öffentliche Leben lag brach.

Und in diesem Jahrhundertwinter begann mein zweites Leben.

Unser Vater sollte einen Posten als Botschaftsrat in Bonn, der damaligen Bundeshauptstadt, antreten, eine große Chance für ihn – und für uns der Start in einer neuen Heimat. Krasser hätte der Wechsel nicht sein können. Wir Kinder bibberten in unseren kurzen Hosen und dünnen T-Shirts und versuchten tapfer, die amüsierten Blicke der Menschen in den dicken Mänteln zu ignorieren. Wir kletterten am Gepäckband herum und bemühten uns, das Airport-Deutsch, das durch die Lautsprecher tönte, zu übersetzen. »Achtung! Achtung!« Dann wurde ein Name gerufen. Oder die Stimme sagte: »Bitte lassen Sie Ihr Gepäck nicht unbeaufsichtigt!« Das neue Land klang blechern.

LAND AUS SCHNEE UND EIS

In grünen Shorts standen mein Bruder Jerome, damals 9 Jahre alt, ich (8), George (5) und John (2) am Ausgang, während unser jüngster Bruder James, der erst drei Monate alt war, im Kinderwagen lag. Auf dem Weg nach draußen hielt meine Mutter mich fest an der Hand, mit der anderen schob sie den Kinderwagen, an den George sich ängstlich klammerte, während mein Vater die auf einem Gepäckwagen aufgetürmten Koffer vor sich herschob. Wir waren überwältigt. Auch unsere Eltern, die Deutschland kannten, schauten ungläubig.

Keiner von uns hatte jemals solche Schneemassen gesehen – von uns Kindern kannte überhaupt niemand Schnee. Das ganze Land schien weiß und kalt. Ein eisiger Kontrast zu den warmen Farben unserer Heimat. Als wir vor die Tür des Flughafens traten, stapften wir Jungs in unseren dünnen Schuhen im tiefen Schnee herum. Zum Glück wurden wir von Freunden meiner Eltern, die uns abholten, notdürftig in Decken gewickelt, bevor sie uns nach Bonn brachten. In die Hauptstadt, in ein Deutschland, das zu meinem werden sollte.

Mein Weg ist ein deutscher Lebenslauf, aber doch anders als bei den meisten 1970er-Jahrgängen.

»Der Kampf geht weiter« – dieser Satz hat eine viel tiefere Bedeutung für meinen Vater, meine Familie und für mich. »A luta continua« war in den 1960er-Jahren der Schlachtruf der Befreiungsfront Frente da Libertação de Moçambique im Süden Tansanias. Sie rief zum Kampf gegen die Kolonialherren aus Portugal auf. Die Bürger Mosambiks wollten die Unabhängigkeit, es folgte ein erbitterter Kampf für die Freiheit. Mein Vater unterstützte – wie so viele in Tansania – diesen Kampf gegen die portugiesischen Unterdrücker im angrenzenden Mosambik.

DIE DÜRRE FAUST RECKEN

Ja, es ist auch eine alte Parole der Linken. Heute noch begegnen einem in Berlin Kämpen, weit jenseits der 70, die ihre dürre Faust hochrecken und verkünden, der Kampf gehe weiter: »Für Holger!«, »Für Rudi!«, für wen auch immer. Für meinen Vater war es aber mehr als nur ein Schlachtruf, es war sein Begleiter durchs Leben.

Am 26. September 2016 hörte ich diesen Satz von ihm zum letzten Mal. Es war unser letztes Telefonat.

Mein Vater litt im Alter an Diabetes, hatte sich aber mit der Krankheit gut arrangiert. Meine Eltern waren nach ihrer Zeit als Diplomaten, die sie nicht nur nach Deutschland und Schweden, sondern auch nach China und Japan geführt hatte, wieder nach Daressalam zurückgekehrt und lebten dort ihren Ruhestand. In jenem September 2016 wollte mein Vater wie jedes Jahr zum Grab seiner Mutter nach Nachingwea fahren, ganz im Süden Tansanias. Ein Ausflug in die alte Heimat. Dort angekommen, erlitt er nach dem Besuch an der Grabstätte einen massiven Zuckerschock.

Mein Bruder James, der bei ihm war, schaffte es, ihn in ein Krankenhaus in Mtwara zu bringen. Ich telefonierte ständig mit Tansania und sorgte mich still um meinen Vater, während sich die Welt um mich herum weiterdrehte.

Als ich ihn endlich persönlich am Krankenbett erreichte, war ich beruflich für einen Tag in München. In der Stadt dröhnte das

Oktoberfest. Wer mag feiern, wenn Tausende Kilometer entfernt das Leben am seidenen Faden hängt?

Er wollte nicht über seine gesundheitliche Situation sprechen, sondern sich und mich ablenken. Und gab sich alle Mühe, es wie ein normales Gespräch erscheinen zu lassen. Aber ich merkte, über diese Kilometer hinweg, wie viel Kraft es ihn kostete, ganz der Alte zu sein, stark zu sein. Das tat sehr weh.

Ich berichtete ihm von meinen Zukunftsplänen, wie ich mein eigenes Musiklabel ausbauen wollte, von meinen Verhandlungen mit Universal Music und dass ich Musik aus Afrika nach Europa bringen will. Wir haben immer viel über die Arbeit gesprochen, den klaren Blick meines Vaters hatte ich früh zu schätzen gelernt.

JAHR DER VERÄNDERUNGEN

2016 war bis dahin ein hektisches Jahr gewesen, ein merkwürdiges Jahr. Zu Beginn war ich in die CDU eingetreten. Eine Entscheidung, die viele verwunderte, sie sahen mich eher auf der anderen Seite des politischen Spektrums. Beruflich hatte ich wahnsinnig viel um die Ohren. Und dann hatte ich einige Tage vor dem Telefonat mit meinem Vater ein Gespräch mit dem Europa-CEO und dem weltweiten Universal-Chef über ein Joint Venture, eine Riesenchance!

Als ich meinem Vater davon erzählte, sprudelte alles aus mir heraus, die Sätze überschlugen sich. »Komme bald nach Tansania. Ist viel gerade. Freue mich auf dich. Muss auch zur Ruhe kommen.« Er freue sich sehr darauf, mich wiederzusehen, sagte er. Das beruhigte mich ein wenig. Man sagt, dass es viele Freunde, aber nur einen Vater gibt, und das stimmt, das ist mir damals schmerzlich bewusst geworden. Und während ich das schreibe, spüre ich, wie ich ihn vermisse. Und höre wieder, wie er am Ende des Telefonats mit brüchiger Stimme sagt:

»Joseph, a luta continua!«

Am nächsten Tag ist er gestorben.

Es waren die letzten Worte meines Vaters an mich. Das hat er mir, das hat er uns hinterlassen, das ist sein Vermächtnis. Der Kampf geht weiter. Das ist das, was vor allem anderen von ihm bleibt. Für mich ist dieser Satz mein Leitmotiv geworden. Ich habe ihn in den Ring eingraviert, den ich am Finger trage. Es ist mein Ehering.

WIE EINE CHRISTIN HANDELN MUSS

In jenem Jahr bin ich vor allem aus Wertschätzung für die Politik von Angela Merkel in die CDU eingetreten. Ihre Haltung gegenüber flüchtenden Menschen aus Syrien, Afghanistan und den Ländern Afrikas hatte mich tief beeindruckt. Ihre bedingungslose Hilfe für Menschen in Not.

Das war das »C«. Das war christlich. Sie handelte gegen ungemein viele Widerstände, auch innerhalb der eigenen Partei. Und sie handelte so, wie eine Christin handeln muss: Liebe deinen Nächsten! Hilf denen, die sich selbst nicht helfen können! Sei empathisch! Ich dachte, in einer Partei, in der eine Vorsitzende sich von der Humanität und ihrem christlichen Glauben leiten lässt, in der es einen klaren moralischen Kompass gibt, will ich mich fest engagieren.

Weil ich mein Leben hier aufgebaut habe. Weil ich Menschen getroffen habe, die zu Freunden, und manche, die zu Mentoren wurden. Weil mir Deutschland Türen geöffnet und meinen Horizont erweitert hat.

Weil ich – um einen alten Slogan meiner Partei aufzugreifen – in diesem Land gut und gerne lebe. Auch deshalb bin ich in der CDU.

MORGEN KANN ES RICHTIG WEHTUN

Mein Lebensweg ist anders als viele Lebensläufe meiner Generation. Doch wie stabil diese Lebensläufe bleiben, wie sehr wir uns auf das verlassen können, was Deutschland groß gemacht hat, wir wissen es nicht. Die vergangenen Jahre, mit Klimakrise, Pandemie, Krieg und dem Heraufziehen einer neuen Weltordnung, haben gezeigt: Was wir heute noch für undenkbar halten, kann morgen schon Realität sein. Morgen kann die Welt anders aussehen. Morgen kann es richtig wehtun – wenn wir uns nicht ändern.

»AFRIKA BRAUCHT UNS NICHT, WIR BRAUCHEN AFRIKA«

Sehr geehrte Damen und Herren,
liebe Freunde,

es galt immer, in großer Not zu helfen.
Und das war im Ansatz immer gut.

Entwicklungshilfe hatte immer die besten Absichten,
es ging darum, die finanzielle Not in Afrika zu lindern.
Doch die Entwicklungshilfe ist inzwischen zu einer
Industrie gewachsen.

Es sind viele, viele Organisationen, die das Beste wollen,
doch aufgrund von Ineffizienz und falschen
Voraussetzungen oft nicht das erreichen,
was sie erreichen wollen.

Aus meiner Sicht hat diese Entwicklungshilfeindustrie
immer auch etwas Abschätziges
gegenüber einem Kontinent,
der sich im Aufbruch befindet.

Ja, der Kontinent ist komplex – wie jeder Kontinent.
Es gibt Armut und Krieg, aber eben nicht nur.
Daher brauchen wir eigentlich etwas ganz anderes.

Deutschland sollte vor allem
die wirtschaftliche Zusammenarbeit
mit Afrika intensivieren –
und zwar partnerschaftlich.

!

Und deshalb müssen wir
die Entwicklungshilfe
in ihrer jetzigen Form abschaffen.
Sie ist teuer. Sie ist ineffizient.
Und sie erreicht nicht das,
was sie erreichen will.

Was wir brauchen, ist ein Perspektivwechsel.

Denn nicht Afrika braucht Europa.
Europa braucht Afrika.

Der afrikanische Kontinent ist jung,
das Durchschnittsalter liegt zwischen 20 und 25.
Die Bevölkerung wächst so schnell wie keine andere
auf der Welt.

Schon heute leben 1,4 Milliarden Menschen auf dem
Kontinent. 2030 könnten es 1,7 Milliarden sein.
Dann gäbe es mehr Afrikaner als Chinesen.

Nicht zuletzt erleben wir derzeit einen Bauboom.
Prognosen gehen davon aus,
dass in den nächsten zehn Jahren in Afrika mehr gebaut
wird als in den vergangenen hundert Jahren
in Europa.

Sechs der zehn am schnellsten wachsenden
Volkswirtschaften weltweit
befinden sich auf dem afrikanischen Kontinent –
und auch die Konsumausgaben steigen, derzeit
um fast vier Prozent.

Im Jahr 2021 waren es bereits über 1,93 Billionen Dollar.
Wir erleben eine enorme Dynamik,
ein neues Selbstbewusstsein – und eine Lust am Erfolg!

In vielen Branchen wie Technologie, Medizin oder
Landwirtschaft gibt es eine neue Elite,
top ausgebildet, oft im Ausland,
und sehr selbstbewusst,
was ihr Können und ihr Potenzial angeht.

Diese neue Generation,
die Erfahrungen in westlichen Industrieländern
gesammelt hat,
kommt jetzt zurück, packt an, engagiert sich,
gründet Unternehmen.

Und das ist der Gamechanger.

Viele Menschen in afrikanischen Ländern
sind längst in die Zukunft aufgebrochen –
vor allem, weil die Chancen der Digitalisierung
erkannt wurden.

Die Zahl der Start-ups schießt auf dem Kontinent
in die Höhe. Längst fließen hohe Summen an
Risikokapital nach Afrika.

Und die Frage ist:
Warum ist Deutschland so zurückhaltend?

Dabei liegt es auf der Hand: Wenn die Hälfte
der Bevölkerung jünger als 20 Jahre ist,
heißt das: In den kommenden Jahren wird es
immer mehr Menschen im erwerbsfähigen Alter
geben, die die Wirtschaft voranbringen.

Damit ist Afrika der einzige Kontinent auf der Welt
mit einer sogenannten »demografischen Dividende«.

Und diese jungen Menschen sind mutig,
lernbereit und es zieht sie in die Städte.

War es früher noch erklärtes Ziel,
Landwirtschaft zu betreiben und
sich sein Essen selbst anzubauen,
geht es den jungen Menschen immer mehr
um die eigene Wertschöpfung,
getrieben vom Willen,
Teil des Wirtschaftssystems zu werden.

Afrika ist ein Kontinent des Aufbruchs und Wandels.

Und ein extrem junger Kontinent bedeutet auch:
das ist ein riesiger potenzieller Markt
für Start-ups und moderne Computertechnologien,
für Medizin und Biotechnologie,
ein riesiger Markt für Kultur,
für Mode, für Musik und Film.
Ein Markt für digitale Produkte, für Software,
für Apps – für Zukunft.

Denn was viele in Deutschland nicht wissen:
Afrika legt gerade einen Innovationssprung hin,
es werden Entwicklungsstufen einfach übersprungen.
Direkt vom Brief zur WhatsApp – ohne den Umweg
über Fax oder Mail.

Auch was die Bezahlung per Smartphone angeht,
ist der Kontinent weit vorne.
Bereits heute gibt es mehr Mobile Money Accounts
als traditionelle Bankkonten. Die Hälfte aller
Mobile-User nutzt für Geldtransfers ihr Handy.

Es gibt Mobile-Payment-Plattformen,
die schnelle Finanztransfers auch
in entlegenste Gebiete ermöglichen und damit
die Kaufkraft gerade der ländlichen Regionen stärken.
Die Nutzerzahlen solcher Plattformen haben längst
zweistellige Millionenhöhen erreicht.

Es sind die digitalen Finanzdienstleistungen,
die FinTechs, die den Weg in eine Zukunft
im Wohlstand bahnen.

2060 werden mehr als eine Milliarde Menschen
in Afrika zur neuen Mittelschicht gehören.
Also zu der Schicht, die der Motor
jeder Volkswirtschaft ist.

Um ihre Ziele zu erreichen, gehen sie in junge,
agile Unternehmen, die ständig wachsen.

Es gibt schon jetzt Hunderte von Unternehmen
in Afrika mit Milliardenumsätzen.

Dazu gehören Paketdienste, die inländische und
grenzüberschreitende Paketsendungen
mithilfe von künstlicher Intelligenz
revolutioniert haben,
dazu gehören Zahlungsplattformen,
die kleinen und mittelständischen Unternehmen
E-Commerce ermöglichen.

Und neben FinTechs sind in Afrika inzwischen
auch Start-ups gegründet worden,
die sich für ertragreichere Ernten,
die Überbrückung schwieriger Logistikketten
sowie eine bessere Gesundheitsversorgung einsetzen.

Noch wichtiger aber ist:
Diese Unternehmen wachsen schneller und
haben oft eine bessere Umsatzrendite
als Konzerne im internationalen Vergleich.

Wir sprechen hier von dynamischen und
extrem erfolgreichen Start-ups,
die sich hervorragend auch in Deutschland

auf Start-up-Messen präsentieren könnten –
sind sie doch Leuchttürme eines
rasant wachsenden Markts.

Und nicht wenige gehen davon aus,
dass der freie Handel und offene Grenzen
die afrikanischen Gesellschaften
in eine neue Zeit katapultieren.

Das schreit förmlich nach einer Start-up-Offensive,
nach einer stärkeren Vernetzung
von Deutschland und Afrika.

Sowohl politisch als auch unternehmerisch
ist Afrika für uns, für Deutschland und Europa,
nicht mehr wegzudenken.
Und das sollten wir endlich begreifen.

Nach Lage der Dinge wird man auf dem afrikanischen
Kontinent nicht auf Deutschland warten.

Vielmehr beginnen afrikanische Länder
inzwischen, sich ihre Partner selbst auszusuchen.

Es ist ein offenes Geheimnis, dass China
das längst begriffen hat.
China ist seit Jahren der größte Investor
und Handelspartner in Afrika.

Viele Gelder fließen in den Aufbau
der Infrastruktur und in die Entwicklung
von Industrie und Handelszentren.

Dadurch genießt China in Afrika
große Sympathien.

Aber auch Russland bemüht sich
– schon lange vor dem Ukraine-Konflikt –
um Kooperationen mit afrikanischen Staaten,
vor allem auch auf militärischer
und sicherheitspolitischer Ebene.

Das zeigt sich in Mali, wo Russland
immer mehr die Rolle übernimmt,
die Deutschland und Frankreich
bis dato eingenommen hatten,
und die nun immer weiter zurückgedrängt werden.

Auch die USA verfolgen in Afrika
sowohl sicherheitspolitische als auch
wirtschaftliche Interessen.

Afrika hat längst mehrere Optionen
für die Zusammenarbeit.
Seien es China, Russland, USA oder die Türkei.
Sie alle sind dabei, das enorme Potenzial
des Kontinents zu entdecken.

Doch obwohl Europa an seinen Außengrenzen
direkt an Afrika grenzt,
obwohl man »viel näher dran« ist
als China oder Russland,
nutzen wir Europäer viel zu wenig
diesen strategischen Vorteil.

Dabei sind engere Beziehungen zu Afrika
nicht nur sicherheitspolitisch, wirtschaftlich,
sondern auch geopolitisch geboten.
Das globale Gravitationszentrum verschiebt sich
ohnehin immer mehr nach Asien.

Und deshalb werden wir es als Europäer
ohne ein stärkeres Engagement in Afrika
noch schwerer haben,
unseren internationalen Einfluss zu behaupten.

Dass sich gute, enge und stabile Beziehungen
zu Afrika außerdem positiv auf Fragen
der Sicherheit und der Migration auswirken,
versteht sich von selbst.

Denn Menschen,
die Arbeit haben,
ein Unternehmen gründen,
die selbst Arbeitsplätze schaffen,
also kurz gesagt: Menschen,
die eine Perspektive haben,
werden sich nicht auf den Weg machen,
um in Europa oder anderswo ihr Glück zu suchen.

Wer eine Perspektive in seinem Heimatland hat,
nimmt das Risiko einer gefährlichen Flucht
und unsicheren Zukunft
nicht auf sich.

Deshalb muss eines unserer Ziele sein,
in unternehmerischen Kooperationen
noch mehr wirtschaftliche, gesellschaftliche
und kulturelle Perspektiven
in beiderseitigem Interesse zu schaffen.

Und ja, die Menschen in Afrika sind sehr offen
für Kooperationen mit Europa und Deutschland.
Das erlebe ich derzeit selbst, sei es in Form
vieler großartiger Start-up-Ideen.
Oder – wie in meinem Fall – großartiger Musik und
Kultur.

2018 habe ich deshalb beruflich
die Brücke nach Afrika geschlagen und
gemeinsam mit meinem Joint-Venture-Partner
Universal Music Africa
das Musiklabel Afroforce1 gegründet.

Es geht darum, afrikanischen Künstlerinnen und
Künstlern die deutschen und
europäischen Märkte zu erschließen.

Auch hier herrscht große Dynamik,
auch hier sind wir dabei,
das Bild von Afrika zurechtzurücken,
das noch in alten Vorstellungen verharrt.

Deshalb ist es mir eine Herzenssache,
dem Kontinent auch hier
die Geltung zu verschaffen,
die er woanders längst hat.

Und wenn Europa den Paradigmenwechsel vollzieht,
wenn Länder wie Deutschland
gemeinsam mit afrikanischen Partnern
das Potenzial des afrikanischen Kontinents
erschließen,
stehen wir vor einer in jeder Hinsicht
gewinnbringenden Zukunft.

Afrika ist bereit, seien wir es auch.

– ZWEI –

So ein Tag, so wunder-schön wie heute!

DAS LEBEN IN AFRIKA.

MEINE STRENGE MUTTER.

DIE ALTE NACHBARIN.

Die kleine Siedlung bestand aus einer Handvoll Lehmhütten. In deren Mitte gab es einen zentralen Platz mit einem Brunnen. Über die staubigen Straßen liefen Ziegen, im Schatten der Hütten pickten Hühner nach Futter. Wie die meisten Leute in Liputu waren auch meine Großeltern Bauern. Sie führten ein einfaches Leben. Mein Großvater stand tagein, tagaus im Morgengrauen auf und bestellte das Feld. Meine Großmutter fütterte zum rhythmischen Klang der Harke die Hühner und Ziegen und fachte das über Nacht abgedeckte Kochfeuer an. In einem Blechtopf brodelte tagsüber ständig eine Suppe, in die meine Großmutter mit ihrem kleinen Messer Gemüse schnitt. Mein Vater und seine Geschwister tobten mit den anderen Kindern des Dorfes um das Haus, wenn sie nicht gerade auf dem Feld oder im Haushalt halfen.

In der Schule bemerkten die Lehrer früh den wachen Geist von Isaya, so hieß mein Vater. Was in der Schule gelehrt wurde, faszinierte ihn. Die Buchstaben, die Zahlen, das alles eröffnete ihm eine gänzlich neue Welt. Schneller als die anderen begann er zu lesen. Fast noch schneller sprach sich herum, dass es in Liputu einen begabten Jungen gab, und so wurde ein Ordensmann, ein aus Deutschland stammender Benediktinermönch, auf ihn aufmerksam. Wenig später besuchte er meine Großeltern in ihrer Hütte und erzählte ihnen begeistert von Isayas großem Potenzial. Meine Großeltern waren strenggläubig und vertrauten dem Ordensmann. So kam es, dass mein Vater in einem Benediktinerkloster zur Schule ging – ein großes Privileg, das meine Großeltern mit Stolz erfüllte.

ACHT KILOMETER SCHULWEG – ZU FUSS!

Das Benediktinerkloster lag mehr als vier Kilometer vom Dorf meiner Großeltern entfernt, in Ndanda. Einen Bus dorthin gab es damals nicht und mein Vater hatte kein Fahrrad. Mit gerade acht Jahren lief er die vier Kilometer zur Schule zu Fuß. Er brauchte für die Strecke mehr als eine Stunde, aber er ging sie jeden Tag, vier Kilometer hin, vier Kilometer zurück. Egal ob die Sonne gnadenlos am blauen Himmel brannte oder die »Kazkazi« genannte kleine Regenzeit die staubigen Straßen in Matsch verwandelte. Als Kinder haben wir den Kazkazi geliebt, sind durch den Regen und in den Matsch gesprungen und haben zugeschaut, wie sich die Straße vor unserem Haus in einen kleinen Fluss verwandelte.

Ganz sicher liebte auch mein Vater das, aber für ihn bedeutete der Regen vor allem Mühsal. Irgendwie musste er sich durch die matschigen Straßen zum Kloster kämpfen. Dort fühlte er sich auf Anhieb wohl, fühlte sich verstanden und angenommen. Die Welt des Wissens faszinierte ihn, neugierig sog er alles auf, was gelehrt und vermittelt wurde.

Das große Interesse am Neuen verlor er nie, selbst im Alter nicht. Ich kann mich nicht erinnern, meinen Vater je im Sessel gesehen zu haben, ohne dass er ein Buch in der Hand hatte. In der Schule der Benediktiner vermittelten sie ihm eine klassische Bildung. Er lernte viel von den Geistesgrößen, den Dichtern und Denkern – und er lernte viel über dieses ferne Land, das ihn schon als kleiner Junge faszinierte: Deutschland.

Deutschland ließ ihn nicht mehr los. Und nachdem er die Schule mit einer sehr guten Abschlussnote beendet hatte, ergab sich erneut eine Chance in Verbindung mit diesem Land, das er bisher nur aus Erzählungen und von Bildern in Zeitschriften kannte. Deutsch-Ostafrika, zu dem das heutige Tansania gehörte, war bis 1918 deutsche Kolonie gewesen, später wurde es ein Teil Großbritanniens.

Am 9. Dezember 1961 wurde das Land unabhängig. Mit der Unabhängigkeit des damaligen Tanganjikas und der Vereinigung von Tanganjika und Sansibar zur Vereinigten Republik Tansania öffnete sich das Land weiter in Richtung Europa. Die 1960er-Jahre waren ein Jahrzehnt des ungebremsten Modernisierungswillens. In Deutschland erstrahlte das Wirtschaftswunder und Afrika löste sich vielerorts von seinen kolonialen Fesseln. Auf beiden Seiten herrschte Aufbruchstimmung. Alles sollte besser werden. So vereinbarten die Regierungen von Tansania und Deutschland unter anderem ein gemeinsames Stipendiatenprogramm. Studierende aus Tansania bekamen die Möglichkeit, in Deutschland einen Universitätsabschluss zu erlangen oder auch eine Lehre zu absolvieren, um später in ihr Heimatland zurückzukehren und sich für die Modernisierung Tansanias zu engagieren. Mein Vater bekam die Chance, in Marburg Volkswirtschaft zu studieren. Und noch jemanden zog es aus Tansania nach Deutschland.

1966 kam meine Mutter, ebenfalls als Stipendiatin, nach Deutschland, um sich in München zur Krankenschwester ausbilden zu lassen. Irgendwann kreuzten sich ihre Wege. Uns Kindern haben sie früher immer erzählt, dass sie sich zum ersten Mal auf einer Weihnachtsfeier der tansanischen Botschaft in Bonn getroffen hätten. Tatsächlich haben sie sich auf der Beerdigung einer gemeinsamen Freundin kennengelernt. Aber das war eine zu traurige Geschichte. Jedenfalls war es Liebe auf den ersten Blick. Meine

Mutter mochte den Scharfsinn meines Vaters, seine Ruhe und seine Entschiedenheit. Er liebte ihre offene Art, wie sie auf Menschen zuging und mit jedem sofort ins Gespräch kam.

DIE DEUTSCHEN GASSENHAUER

Meine Eltern lebten sehr gerne in Deutschland, vor allem mein Vater. Deutschland war »sein« Land. Er war fasziniert von den deutschen Tugenden: Fleiß, Durchhaltewillen und Resilienz. Ihm imponierte, wie die Deutschen nach dem Zweiten Weltkrieg ihr Land wieder aufgebaut hatten, wie sie als Nation zusammenhielten, wie strebsam und stolz sie waren. »Vaterland« war ein Begriff, den mein Vater aufsog. Dass sich eine Nation hinter diesem emotionalen Begriff versammeln konnte, beeindruckte ihn: Vaterland.

Ihn begeisterten die deutschen Eigenheiten, die »Gemütlichkeit«, die studentische Bierseligkeit. Wenn das Bier aus dem Zapfhahn schäumte, die Biergläser gegeneinander gewuchtet wurden und die Jungs Schulter an Schulter Lieder schmetterten, fühlte sich mein Vater gut aufgehoben. Später noch, als alter Mann, sang er immer wieder: »So ein Tag, so wunderschön wie heute!« In der angespannten Zeit der 1960er-Jahre, in der die Studenten »Unter den Talaren – Muff von 1000 Jahren« skandierten, in der Deutschland politisch mit sich selbst nicht im Reinen war, hatten die Deutschen einen großen Bewunderer aus Tansania, der mitten unter ihnen lebte.

Nach dem Abschluss seines Studiums wurde mein Vater in den diplomatischen Dienst berufen. Bereits nach wenigen Monaten ergab sich für ihn eine neue Chance. Er wurde Ende der 1960er-

Jahre nach Bonn versetzt. Kurz vor der Abreise, 1969, kam mein Bruder Jerome in Tansania zur Welt. Mit dem Baby auf dem Arm landeten meine Eltern in Bonn. Diesmal nicht als Stipendiaten, sondern als offizielle Vertreter ihres Heimatlands.

Unsere Familie wurde größer. Am 52. Geburtstag von Nelson Mandela, am 18. Juli 1970, erblickte ich in Bonn das Licht der Welt. Meine erste Geburt in Deutschland. Denn fast neun Jahre später folgte – schockartig – die zweite.

Die erste Zeit in Deutschland war von begrenzter Dauer. 1972 gerieten Tansania und Uganda in einen bewaffneten Konflikt. Nun wurden Spezialisten mit diplomatischem Geschick gebraucht, mein Vater wurde nach Daressalam ins Außenministerium einberufen. Und so reiste die gesamte Familie nach Tansania und kehrte im Jahr 1973, als der Konflikt beigelegt wurde, wieder zurück nach Bonn. Mein Vater nahm die Arbeit in der Botschaft wieder auf, und im selben Jahr wurde mein Bruder George geboren.

An diese frühe Zeit in Bonn habe ich wenige, aber eindrückliche Erinnerungen. Wir lebten in einem ruhigen Wohnviertel in Niederbachem, in einem kleinen Einfamilienhaus. Eine Sache hat sich mir besonders eingeprägt: Die blonde Verkäuferin im Supermarkt mit den freundlichen blauen Augen, die mir und meinem Bruder Jerome immer strahlend eine Scheibe Fleischwurst über die Theke gereicht hat, wenn meine Mutter mit uns einkaufen war. »Danke« war deshalb eines der ersten Wörter, das ich auf Deutsch sagen konnte.

- ZWEI -

DER GERUCH DER KINDHEIT

1974 kamen wir, Jerome und ich, in einen deutschen Kindergarten. Es war ein Flachbau mit einem großen Garten, in dem es einen Sandkasten mit einer rot-blau lackierten Rutsche gab, an der ich mir meine erste Platzwunde an der Stirn geholt habe. Ich erinnere mich noch heute an den Geruch im Kindergarten. Jene Mischung aus Schmierseife, Bohnerwachs und Glasspiritus für die Fensterreinigung. Vertraute Kindheit im Nachhinein. Deutsch haben wir schnell gelernt. Um mit den Kindern zu spielen, brauchten wir ohnehin nicht viele Worte. Wir gehörten mit einer Selbstverständlichkeit dazu, die es nur unter Kindern gibt.

1975 endete unsere Zeit in Deutschland abrupt. Mein Vater wurde zurück nach Daressalam versetzt, um dort im Außenministerium zu arbeiten. Mein Bruder Jerome und ich heulten beim Abschied. Die Freunde, Nachbarn und Erzieherinnen ebenfalls. Ich war gerade fünf Jahre alt und hatte schon zweimal den Kontinent gewechselt. Aber solange die Eltern dabei sind, ist als Kind alles spannend und ein großes Abenteuer. Wir waren neugierig auf Daressalam und wussten nicht, wie groß der Unterschied zwischen unserem Leben in Bonn und unserem Leben dort sein würde.

Wir wohnten im Stadtteil Keko, in der Nähe der Universität. Der damalige Staatspräsident Julius Nyerere wollte in Tansania einen auf Afrika zugeschnittenen Sozialismus etablieren.

Der spezifisch afrikanische Sozialismus schwächelte schnell, die sozialistischen Zeichen waren jedoch weithin sichtbar und veränderten das Land. So wurden in den 1970er-Jahren Dutzende Einheitshäuser neben Hütten errichtet. In eines dieser Einheitshäuser zogen wir. Das Viertel versprühte den Charme sozialistischer Gleichheit. Doch in unserem Fall bedeutete Gleichheit vor allem, dass alle gleich wenig hatten.

Auf der einen Seite erlebten wir Mangel. Das Einheitsessen hieß Ugali, ein Getreidebrei aus Maismehl, der sehr fest gekocht wird. Ugali wurde, wie in Afrika üblich, mit den Händen gegessen. Bei uns gab es früher ständig Ugali, mein Bruder Jerome und ich stöhnten schon, wenn wir ihn sahen.

Auf der anderen Seite war meine Kindheit eben meine Kindheit. Wir lebten im Hier und Jetzt und das Leben spielte sich draußen auf der Straße ab. Aus den Läden schallte Musik. Für uns die perfekte Untermalung unserer Abenteuer.

MUTPROBE MIT KOKOSNÜSSEN

Nach der Schule kletterten mein Bruder Jerome und ich mit den Kindern aus der Nachbarschaft über die Zäune der Nachbarn und wir aßen Ananas oder Mango, Papaya direkt vom Baum. Als wir älter wurden, wagten wir uns auch an Kokosnüsse. Das ist in der Tat eine gefährliche Sache, die Bäume sind zehn, teilweise 15 Meter hoch. Als ich das erste Mal hochklettern sollte, hatte ich Angst. Oft sind an den Palmen, die schon öfter geerntet wurden, kleine Kerben eingeschnitzt, an denen man sich hochhangeln kann.

Die Palme kam mir jedenfalls absurd riesig vor. Ich legte den Kopf in den Nacken und schaute hoch. Dann nahm ich meinen Mut zusammen, griff an die Rinde und schob mich langsam nach oben. Zug für Zug, immer höher und höher. Mein Bruder feuerte mich von unten an. Oben angekommen, rüttelte ich an einer Ko-

kosnuss, damit sie sich vom Ast lösen und herunterfallen sollte. Da muss man höllisch aufpassen, schon oft sind fliegende Kokosnüsse nichts ahnenden Menschen auf den Kopf gefallen und haben sie teils schwer verletzt. Ich rüttelte noch an drei weiteren Kokosnüssen, die alle herunterfielen. Danach hatte ich genug und kletterte mit schweißnassen Händen ganz vorsichtig nach unten. Meist gingen wir mit unserer Ernte zu einem unserer Nachbarn, der uns half, mit einer Upanga-Machete die Kokosnüsse zu öffnen.

Durch den roten Staub liefen Frauen, die auf dem Kopf große Gefäße trugen. Oft schleppten sie darin die Holzkohle, die sie zum Kochen benötigten, manchmal auch Einkäufe oder andere Lasten. Kinder liefen schreiend und spielend durch die Straßen. Alles schien mit allem verbunden. Das Leben hatte Rhythmus, es war immer in Bewegung, jedes Detail war spannend. Und wir waren mittendrin, mein Bruder Jerome und ich, immer zusammen. Die meisten hielten uns für Zwillinge, tatsächlich sind wir nur knapp ein Jahr auseinander.

Wir liebten es, Fußball zu spielen. Aber, ganz ehrlich, einen richtigen Fußball hätten wir niemals bekommen. So bastelten wir uns einen aus einem alten Fahrradschlauch, den wir zusammenknoteten und schließlich mit altem Zeitungspapier umwickelten. Mit den anderen Kids in unserem Viertel kickten wir dann auf der Straße.

Eines Tages fanden wir einen alten Autoreifen. Mein Bruder entdeckte ihn und wir schnappten ihn uns, ehe andere ihn fanden. Und von dem Tag an waren wir die Könige. Wir setzten uns in den Reifen und rollten durch die Straßen Kekos, vorbei an den Häusern unserer Nachbarn, der Polizeistation, bis hin zu unserer Schule, stundenlang.

Als wir etwas älter waren, bauten wir aus Drähten und Konservendosen Spielzeugautos. Aus den Drähten die Reifen, aus den Dosen das Chassis. Mit Holzstöcken lenkten wir diese Konstruktionen über die Straßen in unserer Umgebung. Wir bastelten an diesen Autos stundenlang herum und verbesserten immer wieder kleine Details. Jeden Tag tüftelten wir daran, wie wir sie noch schneller machen, wie wir sie noch besser lenken konnten. Und jeden Tag fuhren wir Rallyes mit den anderen Kindern. Abends kamen wir hundemüde nach Hause, die Kleider voll mit rotem Sand, und wir redeten von nichts anderem als unseren Fahrzeugen und wer wen bei welchem Rennen besiegt hatte.

Unser liebstes Spielzeug aber waren Steinschleudern. Darin waren wir wahre Meister. Aus einem Ast und einem Gummi bauten wir die Schleudern und schossen auf alles, was uns in die Quere kam: Flaschen, Dosen und manchmal auch auf uns. Einmal traf mich mein Bruder am Auge, es tat höllisch weh und blutete stark. Als das Blut über das Auge lief, dachte ich, ich würde nie wieder sehen können. Wir kamen beide weinend nach Hause. Meine Mutter, die gelernte Krankenschwester war, stoppte schnell die Blutung mit einer Kompresse. Der Schreck hielt uns allerdings nicht davon ab, am nächsten Tag wieder mit den Steinschleudern aufeinander zu schießen. Es war ein ständiges Ausprobieren, ein Entdecken. Eine erfüllte Kindheit im besten Sinne auf der einen Seite. Auf der anderen Seite, und das sahen wir nicht, war es die Misswirtschaft eines bankrotten Staates, es herrschte bittere Armut – und es herrschten strenge Regeln, auch in der Schule.

AUF DIE EINHEIT TANSANIAS

Meine Schule war die Chang'ombe Demonstration Primary School und lag im gleichnamigen Stadtteil Daressalams. Hier kamen jeden Tag fast 1000 Kinder aus der Umgebung in ihren blau-weißen Schuluniformen pünktlich um 7.45 Uhr an, um in riesigen Klassenverbänden von teilweise 90 Kindern zu lernen. Beim Morgenappell mussten wir uns aufstellen und dann gab es die Hygienekontrolle. Der Rektor persönlich überprüfte, ob die Fingernägel geschnitten, ob die Hände gewaschen waren. Wessen Nägel nicht geschnitten waren, bekam mit dem Rohrstock Schläge. Wessen Hände schmutzig waren, zack, eine weitere Packung. Wir standen leicht geduckt in unseren Schuluniformen, mit den blauen kurzen Hosen und den weißen Hemden, und hofften, den Hygienetest zu bestehen. Der Rektor kam näher, die Hände schwitzten leicht. Waren die Hände begutachtet, mussten wir alle im Chor die Nationalhymne singen, danach wurden sozialistische Parolen gerufen:

»Umoja ni nguvu!« – »Einheit ist Kraft!«

In den Klassenräumen lernten wir den Schulstoff in Verbindung mit eingängigen Melodien: »A, B, C, D, E, F, G ...« Oder wir riefen die Lösungen im Chor. Die Lehrerin fragte: »Zwei mal zwei?« – und alle im Chor: »Viiieeer!« »Und eins plus eins?« – »Zweeeiiii!« Nach der Schule liefen wir den Weg nach Hause. Es gab Viertel, in die wir nicht gehen durften und es trotzdem taten. Manchmal kam es dort zu Zusammenstößen mit anderen Kindern, dann prügelten wir uns eben. Wenn wir nach Hause kamen und ich meiner Mutter empört berichtete, wer mich geschlagen hatte, antwortete sie: »Dann wehr dich! Schlag zurück!« Sie konnte sehr resolut sein.

Als ich ihr einmal erzählte, dass mich ein Lehrer auf dem Kieker hatte und mich ständig als schlechtes Vorbild für die anderen Kinder anführte, fackelte sie nicht lange. Sie ließ sich erst von mir, dann von meinem Bruder den kompletten Sachverhalt im Detail schildern, fragte nach konkreten Situationen, packte ihre Sachen, nahm mich an die Hand und gemeinsam gingen wir zur Schule, um mit dem Lehrer zu sprechen. Der Mann versuchte sich zu rechtfertigen. Aber meine Mutter duldete keinen Widerspruch und erklärte ihm sehr eindringlich, dass er ihren Sohn gerecht beurteilen sollte, ansonsten würde er sie kennenlernen. Ich stand daneben, war gleichermaßen stolz, dass meine Mutter so sehr hinter mir stand, und ängstlich, wie sich der Lehrer wohl morgen verhalten würde, wenn sie nicht dabei wäre, um mich zu beschützen. Zu meiner großen Erleichterung ließ er mich danach tatsächlich in Ruhe.

Was die Erziehung anging, war meine Mutter wirklich ambivalent. Zum einen kämpfte sie wie eine Löwin für uns, auf der anderen Seite war sie oft sehr streng. Wir erlebten eine autoritäre Erziehung, in der Kinder auf eine Art und Weise behandelt wurden, wie Kinder nicht behandelt werden sollten.

Erziehung war größtenteils die Sache meiner Mutter. Sie hatte ihren Beruf aufgegeben, um für die Familie zu sorgen. Zuvor hatte sie lange im Tourismusbüro in Daressalam gearbeitet. Das machte ihr mehr Spaß als der Job einer Krankenschwester. Sie konnte gut auf Menschen zugehen, war sehr witzig und schlagfertig. Aber mit mittlerweile vier Söhnen blieb sie zu Hause, während mein Vater im Ministerium arbeitete. Sie erzog uns deshalb meist allein. Und das mit, nun ja, allen Mitteln.

VERHÖR UND STRAFE

Ein Beispiel: In der Regel begann es mit einer scheinbar harmlosen Frage: »Joseph, du weißt, warum ich mit dir reden will?« Auf diese Frage gab es meist viele Antworten und keine davon hätte meiner Mutter sonderlich gefallen. Irgendetwas hatte ich ausgefressen. Vielleicht meinen kleinen Bruder geärgert. Oder eine Nachbarin hatte sich beschwert. Oder etwas war kaputtgegangen und ich hatte gehofft, keiner würde es bemerken. Doch meiner Mutter entging wenig, und Erziehung hieß, den Kindern Konsequenzen beizubringen.

Sie machte das wie ein sehr guter Staatsanwalt. Sie kannte die Antwort längst, und zwar auf jede einzelne Frage, die sie im Verhör stellte. Aber sie zelebrierte diese Fragen, um mir vor Augen zu führen, wohin mein Fehlverhalten führen kann.

»Und was hast du da gemacht?«

Dabei war die Frage überflüssig, alles war ja klar.

»Was ist dann passiert?«

Und jede Frage steigerte das Gefühl der Ausweglosigkeit bei mir. Ich wusste, egal, was ich sage, meine Strafe war unausweichlich. Das Verhör nur ein Hinauszögern. Die Schuldfrage längst geklärt, und trotzdem wurde es unerbittlich in die Länge gezogen.

»Warum hast du das gemacht?«

Nach der ausführlichen Befragung des Angeklagten und der Urteilsfindung kam es zur Vollstreckung. Die Strafe war körperliche Züchtigung.

Gewalt war Teil der Erziehung. Und meine Mutter steigerte das noch, indem sich mich bat, draußen ein paar Ruten zu schneiden. Wenn ich Glück hatte, fand ich ein paar trockene Zweige, die schnell brachen, meist schon beim ersten Schlag. Hatte ich Pech, musste ich frische Zweige vom Baum nehmen. Und die hielten verdammt lange. Vor diesen Strafen hatte ich Angst, und die Angst steigerte sich. Später habe ich viel mit meiner Mutter darüber gesprochen. Sie war ein Kind ihrer Zeit, und Gewalt war damals schlicht üblich, Kinder zu schlagen ein völlig normaler Teil der Erziehung. Das war auch bei meinen Freunden so, bei Verwandten, bei Nachbarn, wahrscheinlich in ganz Afrika. Das Umdenken kam bei ihr erst viele, viele Jahre später.

Meine Mutter hat sich bei uns Kindern entschuldigt. Jahrzehnte war Gewalt in der Familie ein Tabu, auch in Europa. Heute haben Kinder Rechte, die Kinderrechtskonvention der Vereinten Nationen ist fest im Bundesgesetz verankert. Damals nahmen wir die Angst und die Züchtigungen so selbstverständlich hin, dass es mich heute erschüttert. Damals erkannten Eltern nicht, wie toxisch so eine Erziehung wirkt.

Waren die Züchtigungen überstanden, rannte ich wieder hinaus auf die Straße, zu meinen Freunden, und das Leben ging weiter. An jeder Ecke warteten Abenteuer und spannende Menschen.

Zum Beispiel die alte Frau in der Nachbarschaft. Es war die Großmutter der Familie nebenan, sie wohnte schon lange in unserem Viertel. Ihre Verwandten trugen die Frau jeden Tag unter einen Baum und setzten sie auf eine aus Palmwedeln geflochtene, »Mkeka« genannte Matte. Da saß sie den ganzen Tag und blickte fast regungslos auf den Boden. Sie hatte tiefe Falten, nur wenige Zähne und ihr Haar war zerzaust, aber sie erzählte die tollsten Geschichten. Wir gingen oft zu ihr und leisteten ihr Gesellschaft. Dann berichtete sie von Kenia, wo sie als junge Frau gelebt hatte. Kenia, das war ihre große Zeit.

Sie schwärmte, wie hübsch sie damals war. »Ihr hättet euch früher nach mir umgeschaut«, sagte sie augenzwinkernd. Sie erzählte herzzerreißende Geschichten über ihre große Liebe, die sie damals nach Kenia geführt hatte. »Ein wunderbarer Mann, so nett und höflich, fast schüchtern.« Dabei leuchteten ihre Augen so sehr, dass wir uns plötzlich vorstellen konnten, wie sie als junge Frau ausgesehen hatte, als sie durch die Straßen Nairobis geschlendert war.

Ihre gemeinsame Geschichte endete mit dem plötzlichen Tod des jungen Mannes, der an Malaria starb. Immer wenn sie von ihrem Leben in Kenia erzählte, hingen wir an ihren Lippen. Sie lebte in der Vergangenheit. Vor uns stand die Zukunft.

– DREI –

Brot, Bonanza und »Zum Blauen Bock«

DAS NEUE LEBEN IN DEUTSCHLAND.

SAFARI IM SUPERMARKT.

DIE SCHWARZE GERMANIA.

Die ersten Wochen in Deutschland fühlten wir uns fremd, meine Brüder und ich. Alle unsere Freunde waren in Tansania, und in die Schule durften wir noch nicht. Draußen war es kalt, wir hatten keine diesem Winterwetter angemessene Kleidung. In Daressalam fand das Leben auf der Straße statt, in Bonn stand nur ein Audi vor dem Haus und die Frauen trugen in unserem Viertel keine Körbe auf dem Kopf, sondern Tengelmann-Tüten in der Hand. In den Läden dröhnte keine Musik aus den Lautsprechern, sondern: »317 bitte an Kasse vier!«

Für uns war es schon ein Ereignis, wenn vor dem Fenster ein Junge mit seinem Bonanza-Rad vorbeifuhr. Mit Hochlenker und Fuchsschwanz an der Lehne. Die Jungs fuhren das Rad immer mit dieser lässigen Haltung.

Unsere Augen leuchteten: Wenn Fahrrad, dann genau so eins. In Daressalam wären wir mit einem Bonanza-Rad die Könige gewesen. Aber ich war nicht in Daressalam, sondern in Bonn. Meine Brüder und ich saßen im Wohnzimmer, schauten aus dem Fenster, manchmal schlug der Regen gegen die Scheibe. Was genau unser Vater täglich in der Botschaft machte, war uns nicht recht klar. Wenn ich mich mit meinem Bruder unterhielt, was wir mal werden wollen, waren es Pilot oder Priester. Die Tage zogen sich wie Kaugummi und weil wir nicht hinauskonnten, blieb uns nur der Fernseher: »Biene Maja«, »Pippi Langstrumpf«, »Mork vom Ork«, »Unsere kleine Farm«. Abends, wenn mein Vater von der Arbeit kam, schauten wir die »Tagesschau«. »Hier ist das Erste Deutsche Fernsehen mit der Tagesschau!« Ich habe Deutsch tatsächlich vor allem vor der Glotze gelernt.

DAS BROT DES BÄCKERS

Unsere Abenteuer spielten sich im Kleinen ab, beim Brotkaufen in der Bäckerei etwa. Der deutsche Grundsatz – »Wenn man sich einmal für etwas entschieden hat, dann zieht man es auch durch!« – schien nicht für Brot zu gelten. Wir staunten, wie viele unterschiedliche Sorten es gab: Bauernbrot, Weizenbrot, Roggenbrot, Paderborner, Vollkornbrot, Toastbrot, Schwarzbrot, Knäckebrot, Pumpernickel. Die Deutschen schienen jeden Tag eine andere Sorte Brot zu essen.

Einkaufen war unsere Entdeckungsreise. Wir standen im Supermarkt vor riesigen Regalen mit Dingen, bei denen wir keine Ahnung hatten, was es war oder wie es schmeckte. An der Wursttheke war es noch krasser. Ein unfassbares Angebot an unterschiedlichsten Sorten: grobe Leberwurst, feine Leberwurst, Blutwurst, gekochter Schinken, geräucherter Schinken, Fleischwurst, Jagdwurst, Mortadella und Salami. Die größte Begeisterung löste bei uns natürlich die Süßwarenabteilung aus, tut sie ehrlich gesagt auch heute noch. Es gab Schokolade in allen Geschmacksrichtungen. Die Packungen waren tafelweise übereinandergestapelt: Nussschokolade, Vollmilchschokolade, weiße Schokolade, Zartbitter, KitKat, Raider, Nuts, Mars, Milky Way, Bounty und dann die Kekse! Butterkekse, Eierkekse, Prinzenrolle. Ein Land, in dem so viele Süßigkeiten gegessen wurden, erschien uns als ein sehr freundliches Land.

EIN VERHEISSUNGSVOLLES LAKRITZBONBON

Eines Tages bekamen wir Besuch von einer Bekannten meiner Eltern. Eine sehr nette Frau, meine Eltern kannten sie von früher. Wir mochten sie vor allem deshalb, weil sie uns immer und ohne Ausnahme etwas mitbrachte. Auf ihre Besuche haben wir uns schon Tage vorher gefreut. Aus ihrer schwarzen Handtasche holte sie für jeden von uns Süßigkeiten. Für mich gab es weiße Schokolade mit Crisp. Und Jerome bekam eine Packung Haribo geschenkt, die Colorado-Mischung. Nachdem wir uns beide schnell bedankt hatten, verschwanden wir in unserem Zimmer, um die Ausbeute zu begutachten. Jerome riss die Packung Haribo auf und stopfte sich gleich zwei Lakritzbonbons auf einmal in den Mund – spuckte sie aber gleich wieder aus. Er übergab sich fast. An diesem Abend haben wir gelernt, dass das Angebot zwar gigantisch sein mag, aber nicht alles Gold ist, was glänzt. Lakritz mag Jerome heute noch nicht.

SPIELEN IM REGIERUNGSVIERTEL

Die erste Zeit in Bonn bestand im allmählichen Abtasten, im lang gezogenen Kennenlernen eines neuen Landes. Mein Vater arbeitete in der Botschaft, wir guckten sehnsüchtig den Bonanza-Rädern hinterher, wünschten uns, dass irgendwann einmal etwas passieren werde und meine Mutter kämpfte sich zwischen Sülze und Leberwurst durch das Überangebot der deutschen Lebensmittelindustrie.

Als wir endlich in die Schule kamen, wurde es besser. Jerome und ich wurden zunächst in der Crusaders American High School untergebracht. In der damaligen Bundeshauptstadt Bonn gab es eine große internationale Community und eine entsprechend internationale Schule. Endlich ging es weiter. Endlich sollten wir etwas erleben, das nicht Wohnung oder Supermarkt war. Am meisten gespannt waren wir auf die anderen Kinder.

Sie kamen aus der ganzen Welt. Am ersten Tag, das war im Frühjahr 1979, wurden wir in der Schule vorgestellt. Der Plan war, dass wir das zweite Halbjahr mitmachen und Anschluss finden sollten. In der Klasse schauten sie uns erst einmal neugierig an, aber die meisten kamen wie wir aus anderen Ländern, sodass wir gar nicht groß auffielen. Jerome und ich saßen nebeneinander und versuchten, dem rein auf Englisch geführten Unterricht zu folgen. Es klappte ganz gut, die Eingewöhnungszeit ging schnell vorbei.

Bonn wurde vertrauter, es wurde wärmer. Es wurde Frühling, es wurde Sommer. Endlich konnten wir mit anderen Kindern auf der Straße spielen. Wir waren ständig draußen, wie in Tansania. Unser Revier war das Regierungsviertel. Spannend war, wenn die Straßen plötzlich abgesperrt wurden, weil ein ausländischer Staatsgast zu Besuch war. Dann gingen wir zu den Absperrungen, schauten den Motorradfahrern in ihren weißen Uniformen nach, die den schwarzen Limousinen vorausfuhren, und versuchten, die Flaggen der Länder zu erraten, die vorne an den Limousinen im Wind flatterten.

Das Leben hatte eine gute Richtung gefunden, wir waren angekommen. Mein Vater stieg innerhalb der Botschaft schnell auf und wurde noch 1979 nach Schweden versetzt. Nach nicht einmal einem Jahr sollte unsere Familie Bonn wieder verlassen in Richtung Stockholm. Meine Eltern waren hin- und hergerissen. Konnten sie uns Kindern das erneut zumuten? Nach langer Überlegung entschieden sie schließlich, dass zumindest die beiden älteren Söhne in Deutschland bleiben sollten. Jerome und ich sollten nicht schon wieder wechseln, nicht schon wieder eine neue Sprache erlernen und uns nicht schon wieder in einer neuen Welt zurechtfinden müssen.

Wir sollten in Deutschland bleiben, am besten in einem Internat. Was diese Ambition unseres Vaters allerdings erschwerte, war sein Gehalt. Es klang zwar schick, einen Vater zu haben, der in der Botschaft arbeitete, doch Tansania war kein reiches Land, konnte kaum die Botschaft unterhalten und seine Diplomaten bezahlen. Es gehörte ein hohes Maß an Entbehrung dazu, seine Heimat im Ausland zu vertreten, und das zum Spartarif.

EIN PATER VERÄNDERTE MEIN LEBEN

Doch mein Vater hatte einen Traum: Seine Söhne sollten Bildung und Erziehung in Deutschland genießen. Das war ihm wichtig. Deutschland war für ihn das Land der Dichter und Denker, der Ingenieure, der fleißigsten Aufbauer. Deshalb sollten seine Söhne in Deutschland zur Schule gehen. Im gelobten Land von Ordnung, Struktur und Vernunft.

Und zwar am besten in ein Internat. Er selbst hatte sehr von der deutschen Klosterschule in Tansania profitiert und sah es als seine Pflicht an, seinen Söhnen den bestmöglichen Start ins Leben zu ermöglichen. Für ein gutes Internat in Deutschland fehlte jedoch das Geld. Meine Eltern hatten monatlich nicht mehrere Hundert Mark übrig, um uns in einem Internat ausbilden zu lassen. Als gläubige Menschen waren sie jedoch immer in christlichen Gemeinden engagiert und hatten schon vor meiner Geburt in Deutschland eine Reihe von Gemeinden und Priestern kennengelernt.

Zu einem Pater hatten sie besonderes Vertrauen gefasst: Pater Karl Oerder.

Pater Oerder gehörte dem Orden der Salesianer Don Boscos an. Der Orden engagiert sich seit jeher für Kinder und Jugendliche, bietet Bildung in Internaten und auch Berufsbildung in Lehrlingsheimen an. Zwei prominente Deutsch-Rapper, Bushido und Fler, haben bei den Salesianern Don Boscos in Berlin eine Lehre als Maler und Lackierer gemacht.

Das Credo des Ordens heißt: Fröhlich sein, Gutes tun und die Spatzen pfeifen lassen. Das entspricht dem Geist des Heiligen Don Bosco. Richtschnur des Ordens ist es, Kindern eine Perspektive zu ermöglichen, eine gute Zukunft zu geben. Das bedarf großer Empathie, Geduld, und es bedarf eben auch Geldes.

Pater Oerder war Missionsprokurator, das heißt, er war verantwortlich für die Akquise der Geldmittel des Salesianer-Ordens, und das für Projekte auf der ganzen Welt. Insbesondere die Projekte in West- und Ostafrika hatten es ihm angetan. Er kümmerte sich um den Brunnenbau, den Aufbau von Schulen und war bestens in diesen Ländern vernetzt. Dabei lautete sein Motto immer: Solidarität UND Subsidiarität.

Pater Oerder faszinierte mich vom ersten Tag an. Er stammte aus einem kleinen Örtchen im Bergischen in der Nähe von Rösrath. Sein Vater war Lokführer, die Mutter Hausfrau. In jungen Jahren hatte Pater Oerder kurz nach dem Krieg eine Lehre als Chemielaborant gemacht. Später erzählte er uns, dass er damals sogar eine Freundin gehabt hatte. Doch dann ereilte ihn der Ruf als Priester. Er schloss sich dem Salesianer-Orden an, ging zunächst nach Süddeutschland und dann ins italienische Messina, wo er sich ganz der seelsorgerischen Arbeit widmete. Pater Oerder war ein sympathischer, mittelgroßer Mann, mit hoher Stirn und einer Brille. Durch diese Brille beobachtete er sehr genau die Menschen um ihn herum. Ihm entging nichts. Ein präziser Beobachter, der kerzengerade analytisch durch die Welt ging und mit rheinischer Herzlichkeit schnell Zugang zu allen Menschen fand.

»VON NICHTS KOMMT NICHTS!«

So auch zu unserer Familie. Es war deshalb folgerichtig, dass wir, Jerome und ich, durch Pater Oerder unsere heilige Kommunion empfangen sollten.

Wir gingen regelmäßig zu ihm in den Kommunionsunterricht. Er las mit uns in der Bibel und festigte in vielen Diskussionen im Kleinen wie im Großen meinen Glauben. Wie zentral der Pater in meinem Leben noch werden würde, ahnte ich damals nicht. Was wir jedoch früh von ihm mitbekamen, war das besondere Arbeitsethos dieses Mannes. Pater Oerders Worte hängen mir bis heute nach:

»Von nichts kommt nichts!«

Er selbst war das beste Beispiel dafür, ständig war er auf Achse, pflegte sehr viele Kontakte sowohl in kirchlichen, politischen als auch in weltlichen Kreisen. Und er konnte sehr hartnäckig sein.

Wenn etwas nicht gleich klappte, zitierte er Friedrich Schiller: »Was einst als Blitz will zünden, muss lange Wolke sein« – und machte sich weiter an die Arbeit.

Kurz nachdem mein Vater von der Versetzung erfuhr, luden meine Eltern Pater Oerder zum Abendessen ein. Für uns Kinder war es der Besuch des netten Paters aus dem Kommunionsunterricht. Für unsere Eltern stand der Abschied von einem Freund an. Und wie sich das für eine afrikanische Familie gehört, wurde ein Festmahl bereitet. Nach dem Essen, als wir Kinder bereits im Bett lagen, erzählte mein Vater Pater Oerder von der Versetzung nach Schweden und der baldigen Abreise. So sehr sich Pater Oerder für meinen Vater und über die berufliche Chance, die das für ihn bedeutete, freute, meldete er ebenfalls Bedenken an, dass ein erneuter Wechsel für Jerome und mich von Nachteil wäre. Und während mein Vater noch nachdenklich nickte, kam Pater Oerder bereits mit einem Plan um die Ecke.

NÄCHSTE STATION MARIENHAUSEN

Eine Woche später fuhren wir mit Pater Oerder in dessen VW Golf den Rhein entlang. Mein Vater saß auf dem Beifahrersitz, meine Mutter, Jerome und ich drückten uns auf der Rückbank aneinander. Pater Oerder fuhr mit uns zum katholischen Internat der Salesianer im Kloster Marienhausen in Rüdesheim-Aulhausen am Rhein. Für uns Kinder war es ein spannender Ausflug. Das Wetter war gut, wir freuten uns über die Landschaft. Während der Fahrt hingen Jerome und ich mit den Köpfen an den Fenstern, sahen Weinberge, Schlösser und kamen an der Loreley vorbei.

»Der Sage nach saß da eine Nixe oben auf dem Felsen«, erklärte Pater Oerder, »und die Nixe, Loreley genannt, brachte die Männer wegen ihrer Schönheit um den Verstand. Vor allem die Schiffskapitäne.« Wir konnten es kaum glauben, dass unten Schiffe untergingen, während oben auf dem Felsen eine Frau ihr Haar kämmte. Mit dieser Geschichte im Kopf kamen wir in Rüdesheim an.

»Herzlich willkommen im Kloster Marienhausen!«, empfing uns ein Ordensbruder. Er begrüßte Pater Oerder, meine Eltern und schließlich uns beide. Anschließend führte er uns durch das Kloster und das Internat. Alles wirkte dunkel, es brannten kaum Lichter. Der Linoleumboden war frisch gebohnert und glänzte matt. Durch die bunten Bleiglasfenster mit Heilgenmotiven schien die warme Herbstsonne und es roch streng nach Bienenwachs. Neugierig guckten wir alles an. Es war Wochenende, kaum ein Schüler war im Haus, deshalb sahen wir nur leere Räume.

Für Jerome und mich war es nur ein Ausflug. Den anwesenden Erwachsenen war zu diesem Zeitpunkt jedoch klar: In zwei Wochen werden Jerome und ich Teil dieses Internats sein. Meine Eltern mussten nach Stockholm – und sie hatten von Pater Oerder das Angebot bekommen, meinen Bruder Jerome und mich hier unterzubringen, bei den Salesianern in Rüdesheim am Rhein.

KIRCHE WELCOMES YOU!

Am 7. Oktober 1979, ein Sonntag und der erste Geburtstag meines jüngsten Bruders James, zogen wir ins Internat nach Marienhausen. Jerome hatte einen Koffer, ich hatte einen Koffer. Und da standen wir, ein bisschen aufgeregt, aber auch sehr neugierig. Wir dachten, das Ganze sei so etwas wie ein Ferienlager. Überall sahen wir andere Jungs, da würden wir sicher Spaß haben. Auf den ersten Blick schien es dort äußerst verheißungsvoll. Anfang des Jahres erst in Bonn gelandet, zeigte sich uns hier abermals eine neue Welt. Meine Mutter sagte: »Wir sehen uns ja in einer Woche wieder.«

»Kwaheri, tutaonana karibuni«, heißt das auf Suaheli.

Eine Woche, so lange würden wir es hier schon aushalten. Doch dann passierte etwas, was mich verunsicherte: Als meine Mutter die Treppe hinunterging, sah ich, wie sie weinte. Meine Mutter weinte nie! Zumindest nicht vor uns. Doch nun wischte sie sich Tränen vom Gesicht. Das konnte ich gut erkennen.

Was ich mit neun Jahren nicht erkannte, war, dass dies ein Wendepunkt in meinem Leben war. Der Moment, in dem wir als Familie auseinandergingen, um nie wieder alle gemeinsam unter einem Dach zu leben.

REGELN UND DISZIPLIN

Da waren wir nun. In einem Klosterinternat in Rüdesheim am Rhein. Und mit uns noch viele andere Jungs. Als die erste Woche vorbei war und freitags die anderen Kinder nach Hause zu ihren Familien fuhren, kamen unsere Eltern nicht zurück, um uns abzuholen.

Stattdessen gab es abends ein längeres Gespräch mit Pater Oerder. Er erklärte uns die Entscheidung meiner Eltern und warum sie es alle für besser gehalten hatten, uns darüber im Unklaren zu lassen. Ich brach in fassungslose Tränen aus. Jetzt verstand ich auch, warum meine Mutter beim Abschied weinte.

Pater Oerder tröstete uns damit, dass wir Weihnachten nach Stockholm fahren würden, um das Fest gemeinsam mit der Familie zu verbringen. Aber Weihnachten war erst in zwei Monaten! Jerome und ich gingen wie betäubt in unser Zimmer und legten uns in unsere Betten. Zwei Monate! Geschlafen habe ich in dieser Nacht nicht.

Im Internat herrschte, was in Deutschland gerne als »Zucht und Ordnung« bezeichnet wurde. Disziplin und Regeln bestimmten den Alltag, die Ordensbrüder gaben den Takt vor und die Lehrer waren meist Pädagogen des alten Schlags. Wir hatten schnell unsere persönlichen Highlights: die »Drei Fragezeichen«-Kassetten und die Abenteuer mit Boris auf dem Gelände.

Boris wurde mein erster echter Freund in Deutschland. Wir waren am liebsten draußen, in den Wäldern. Dort spielten wir Robin Hood und seine Freunde, die durch die Wälder robbten und Angriffe abwehren mussten. In dieser Zeit entfernte ich mich ein wenig von meinem Bruder. Mit Jerome hatte ich bis dahin fast wie Zwillinge gelebt. In Daressalam hatten wir im selben Bett geschlafen, wir spielten immer zusammen, gingen immer zusammen raus. Boris war der erste Freund, der nur mein Freund war und mit dem mich eine wirklich tiefe Freundschaft verband. Wobei ich meinen Bruder nie ignorierte. Sobald es Ärger gab, war ich sofort da und stand ihm zur Seite, und umgekehrt er mir.

Wenn uns die Mitbrüder, »die Patres«, wie wir sie genannt haben, vom Internatsgelände ließen, dann vor allem zu Spaziergängen. Wir wanderten in einer großen Gruppe von Jungs, angeführt von den Patres, durch die Weinberge Aulhausens. Immerhin waren wir mal draußen. Oft führten die Wanderungen zum Niederwalddenkmal. Es liegt etwas oberhalb von Rüdesheim, gehört zu den monumentalen Denkmälern aus der Zeit des Deutschen Kaiserreichs. Es ist fast 40 Meter hoch und oben thront eine zwölf Meter hohe Germania, die Personifikation Deutschlands – und die schauten wir regelmäßig an. Das war mein Internatsleben: Meist drinnen, meist lernen, oft beten, immer Regeln einhalten, und wenn wir mal raus durften, huldigten wir der Germania.

DIE SCHWARZE GERMANIA

Jahrzehnte später veröffentlichte Rammstein das Lied »Deutschland«. Und im Video, in dem die oft düstere Geschichte Deutschlands aufgerollt wird, wird die Germania von einer schwarzen Schauspielerin gespielt. Was hätte mich der Gedanke damals verzückt, wenn vom Niederwalddenkmal, das wir regelmäßig anschauen mussten, eine schwarze Germania gegrüßt hätte. Doch dem Deutschland der frühen 1980er-Jahre fehlte es noch am ironischen Umgang mit Geschichte und Symbolen. Den Sänger von Rammstein, Till Lindemann, lernte ich übrigens Jahre später kennen – stilecht auf der Toilette. Ich war damals schon in der Musikindustrie. Beim Händewaschen sagte ich zu ihm: »Ich finde richtig geil, was ihr macht – schade, dass ihr rechts seid.« Und Till schaute mich entgeistert an: »Was rechts? Nein, wir sind nicht rechts!« Mit Rammstein verbindet mich heute noch weit mehr. Jahre später bin ich aufgrund einer gewonnenen Wette mit dem Rammstein-Entdecker im Renault Twingo durch Deutschland gefahren und habe Saumagen gegessen. Und die Zusage, dass ich zum Musikkonzern Universal wechsle, gab ich während eines Rammstein-Konzerts in Amsterdam. Doch 1981 in Rüdesheim lag das noch so weit entfernt wie Tansania.

»SCHNAPS, DAS WAR SEIN LETZTES WORT ...«

Im Gegensatz zu den meisten Jungs blieben Jerome und ich an den Wochenenden fast immer im Internat. Wo sollten wir auch hin? Der Rest unserer Familie war in Stockholm, Flüge waren damals unbezahlbar. Entsprechend hart waren unsere Freitage. Schon morgens war die Stimmung spürbar aufgeregt. Alle freuten sich auf das Wochenende im Elternhaus. Einer nach dem anderen wurde nach dem Unterricht abgeholt oder lief zum Bahnhof, bis oft nur noch Jerome und ich übrig waren. Meist kam dann ein Erzieher und sammelte die Kinder ein, die das Wochenende im Internat verbrachten: »Na, dann kommt mal, wir finden schon etwas für euch zu tun.« Das war selten der Startschuss für eine spaßige Beschäftigung, sondern mehr der Beginn von stundenlangem Unkrautjäten rund ums Kloster und ödem Staubwischen der Holzornamente an den Treppengeländern – bevorzugt getrennt, damit wir nicht auf dumme Gedanken kamen.

Die besten Tage im Internat waren für Jerome und mich trotzdem immer die Samstage. Dann war Wochenende, wir konnten länger schlafen, die Patres erlaubten uns fernzusehen und es gab obendrauf noch Süßigkeiten, Hanuta, Bazooka, Nuts oder Alpia-Schokolade von Stollwerck.

Der Höhepunkt war immer der Samstagabend. Dann schob einer der Patres den uralten Röhrenfernseher auf quietschenden Rollen in den Speisesaal. Wir saßen auf den alten Holzstühlen und schauten uns quer durch die bundesdeutsche Samstagabendunterhaltung: »Einer wird gewinnen« mit Hans-Joachim Kulenkampff, »Wetten, dass..?« mit Frank Elstner und natürlich »Zum

Blauen Bock« mit Heinz Schenk, mit Bembel, Ebbelwoi und Playback-Hits. Für Jerome und mich der Hammer. Wir aßen Schokolade oder kauten Kaugummi, lauschten Heinz Schenk und betrachteten fasziniert das Schunkeln im Fernsehen. Die Ordensbrüder tranken zur Feier des Tages Apfelwein, während Jerome und ich begeistert mitsangen: »Schnaps, das war sein letztes Wort, dann trugen ihn die Englein fort!«

Meine Liebe zur Musik ließ tatsächlich schon damals keine einzige Stilrichtung aus.

BROT UND SPIELE, SALESIANER-EDITION

Musik war eine meiner großen Interessen, Essen das andere, auch und vor allem im Internat. In Tansania hatten wir als Kinder oft wenig zu essen gehabt, vor allem wenig Abwechslung. Es gab meistens Ugali, nur selten Fleisch, und meine Brüder waren meist so hungrig wie ich.

Das setzte sich weiterhin fort. Wer im Internat gelebt hat, weiß sich beim Essen zu verteidigen. Ich aß in Marienhausen alles, was es gab. Linsensuppe, Kartoffeln, freitags immer Fisch. Und Samstagabend gab es Brötchen. Ich liebe Brötchen. Vor allem aber halfen mir Brötchen in Mathe. Ich wurde ein absolutes Ass im Kopfrechnen.

Dass es immer nur samstags Brötchen gab, hatte einen einfachen Grund: Die Brötchen, die die Bäcker am Morgen nicht verkauften, spendeten sie dem Orden. Damals hatten die Bäcker sonntags geschlossen. Und wenn es am Samstag beispielsweise nur fünf Brötchen gab, aber acht Jungs über das Wochenende da waren, machten die Patres Mathe-Wettkämpfe mit uns, also schnellrechnen: 7 x 8, 3 x 9, 5 x 3 und so weiter.

Wer als Erster die Antwort wusste, bekam ein Brötchen. Und das war oft ich. Weil ich hart trainierte. Damals hat mich wenig mehr zum Lernen ermutigt als die Aussicht auf Brötchen. Essen motivierte mich maximal. Ich hatte immer Hunger. Immer. Das lag daran, dass ich viel Sport gemacht habe, aber es lag auch an der Hungererfahrung in Tansania. Immer kreisten meine Gedanken ums Essen. Deshalb war ich so begeistert von Brot und Spielen in der Salesianer-Edition.

EIN INDIANER KENNT KEINEN SCHMERZ

Ich habe meine Familie sehr vermisst. Ich war inzwischen elf Jahre alt und meine Eltern waren zu weit weg, um uns im Alltag beizustehen. Wenn wir in Tansania morgens zur Schule gingen, hatte uns unsere Mutter immer gedrückt und gesagt, wir sollen auf uns aufpassen. Wenn wir uns beim Spielen draußen verletzt hatten und nach Hause kamen, schaute sie sich die Verletzung an, wusch sie aus und versorgte sie. Sie tat immer das Richtige, fand immer die richtigen Worte, um uns zu trösten.

Wenn wir uns im Internat verletzten, sagten die Ordensbrüder: »Ein Indianer kennt keinen Schmerz.« Und wir sagten: »Ja, ein Indianer kennt keinen Schmerz«, obwohl der Indianer den Schmerz sehr wohl spürte. Trost spenden, Wärme geben, das war immer auch heikel für die Ordensbrüder. Sie mussten den Spagat zwischen Nähe und Distanz bewältigen, was nicht einfach war. Sie kümmerten sich aufrichtig um uns und die anderen Jungs, wollten das

Beste für sie, wollten aber körperlich bestimmte Grenzen nicht überschreiten.

Ich weiß, dass es schwarze Schafe gab und gibt, die diese Grenze überschritten haben und Schutzbefohlene schwer missbraucht und verletzt haben. Die Aufklärung und Aufarbeitung der katholischen Kirche ist gerade an dieser Stelle noch immer nicht ausreichend.

»IM NAMEN DES VATERS …« – KLATSCH!

Im Internat arbeiteten aber nicht nur Ordensbrüder und Zivildienstleistende, sondern auch hauptamtliche Erzieher. An einen erinnere ich mich noch besonders gut. Für ihn war Erziehung in erster Linie das Aufstellen und Umsetzen von Regeln.

An einem Abend im Sommer war ich während des Abendgebets überall mit meinen Gedanken, aber ganz sicher nicht beim Gebet.

Dabei knackte ich gedankenverloren mit den Fingern, wie mein Vater das immer getan hatte. Doch dieses Knacken mit den Fingern während des Gebets hörte der Erzieher. Es brachte ihn so in Rage, dass er mich anschrie und sofort zur Bestrafung schritt. Dabei dramatisierte er meine Strafe mit einem Gebet:

»Im Namen des Vaters …« klatsch, Ohrfeige linke Wange,
»… des Sohnes …« klatsch, Ohrfeige rechte Wange,
»und des Heiligen Geistes!« Noch mal die linke Wange.
Klatsch, klatsch, klatsch.
Im Namen des Herrn.
Amen.

Konsequentes Umsetzen, auch wenn man sich gerade dem Herrn sehr nahe fühlte. Danach schrie er uns alle in unsere Zimmer und wünschte uns eine gute Nacht.

WARUM GIBT ES WEIHNACHTSBÄUME?

Trotzdem hatten wir uns grundsätzlich gut im Internat eingelebt. Mit so vielen Jungs um uns herum verging die Zeit schnell. Bald stand Weihnachten an und damit der von Pater Oerder versprochene Besuch bei meinen Eltern und Brüdern in Stockholm. Jerome und ich waren wochenlang aufgeregt, ob wir die lange Zugfahrt alleine meistern würden, wie groß James, John und George wohl geworden waren, wie ihr Leben in Stockholm aussah. Meine Eltern nahmen uns am Bahnhof direkt in Empfang. Das war der schönste Moment im Jahre 1979.

Wir sind eine sehr gläubige Familie. Meine Brüder und ich sind von Geburt an christlich erzogen worden, vor jedem Essen wurde gebetet, abends wurde gebetet und am Sonntag ging es mit der ganzen Familie in die Kirche. Jedenfalls wurde die Geburt Jesu Christi auch in Tansania gefeiert. Doch wie in Europa Weihnachten gefeiert wurde, überraschte uns. Wir kapierten so gut wie nichts: Was macht man mit dem Weihnachtsbaum? Warum stellt man sich einen ins Wohnzimmer? Worin liegt der tiefere Sinn? Und warum die Kugeln?

Der Baum gehörte zu den Mysterien im Zusammenhang mit der Geburt unseres Herrn, die sich uns nicht erschlossen. Natürlich machten wir trotzdem mit, sogar mit großer Begeisterung. Auch wir stellten einen Baum ins Wohnzimmer – und unsere Eltern überreichten uns Geschenke. Wir hatten keine Ahnung, warum und was das mit Jesus zu tun hatte, aber wir wehrten uns auch nicht. Man soll seine Eltern nicht stoppen, wenn sie anfangen, mit einem breiten Lächeln Geschenke zu verteilen, da waren wir uns alle ganz einig.

In Deutschland kehrten wir wieder in die Welt des Internats zurück. Zurück zu den einsamen Wochenenden, wenn die anderen Kinder nach Hause zu ihren Familien fuhren.

Einmal im Monat jedoch hatten wir am Wochenende eine Anlaufstelle. Dann reisten wir zu unseren Pflegeeltern, den Soikas.

Anton Soika und seine Frau Helene Soika waren es, die uns im letzten Januar vom Flughafen abgeholt und in warme Decken gehüllt hatten. Die Soikas hatten uns herzlich in Deutschland aufgenommen, mein Vater kannte Anton Soika von seiner Arbeit in der Botschaft. Sie luden Jerome und mich ein, regelmäßig ein Wochenende bei ihnen zu verbringen, solange wir im Internat und unsere Eltern und die drei Brüder in Schweden waren. Einmal im Monat reisten wir also zu den Soikas. Das waren besondere Tage, was vor allem an Helene Soika lag.

DIE PORTION WÄRME

Sie war all das, was uns im Internat so sehr fehlte. In ihren gemusterten Blümchenkleidern strahlte sie uns an und nahm uns zur Begrüßung fest in den Arm. Die Soikas hatten selbst drei bereits erwachsene Kinder, die zum Teil lange ausgezogen waren. Umso mehr genoss Tante Helene es, uns bemuttern zu können. In ihr sahen wir eine Art Großmutter des Herzens.

Von den Ordensbrüdern begleitete uns niemand zu den Soikas. Man schickte uns los und vertraute auf Gott, uns den Weg zu weisen. Mein Bruder und ich traten also die Reise alleine an. Wir würden uns schon zurechtfinden, hieß es. Jerome und ich sollten den Bus von Marienhausen nach Rüdesheim nehmen, von Rüdesheim mit dem Zug nach Bonn-Beuel fahren, von Bonn-Beuel weiter mit dem Zug nach Niederpleis, wo die Soikas lebten.

Beim ersten Mal war es für uns fast mehr als eine Grenzerfahrung. Wir kamen immerhin bis zum Bahnhof, bevor wir uns das erste Mal stritten. Wir konnten noch nicht wirklich Deutsch, es gab kein Google Maps und die ausgehängten Fahrpläne waren für uns völlig unverständlich. Verstrickt in die Tücken des linksrheinischen Nahverkehrs starrten wir minutenlang darauf, verstanden aber die Bedeutung der Zahlen nicht im Geringsten. Zu unserem Glück half uns ein sehr freundlicher Schaffner und zeigte uns, von welchem Gleis unser Zug fahren würde.

Wir stiegen schließlich in den richtigen Zug, saßen aber lieber nicht zusammen. Jeder schmollte vor sich hin. Jerome hätte fast den Ausstieg verpasst, weil er vor sich hinträumte und ich erst im letzten Moment merkte, dass er mir gar nicht folgte.

Er schreckte zusammen, packte seine Sachen und rannte mir hinterher aus dem Zug. Irgendwie, mit dem Mut der Verzweiflung, hatten wir es geschafft, nicht im Nirgendwo zu landen, sondern in Niederpleis/St. Augustin. Es stand allerdings niemand am Gleis. Es hieß nur: »Wenn ihr draußen seid, nach links gehen, ein Stück hinunter und dann nach einem braunen Passat schauen!«

Also suchten wir die Gegend nach dem braunen Passat der Soikas ab. Die Erleichterung war gewaltig, als wir den Wagen gefunden hatten.

BRETTCHEN, SENF UND FLEISCHWURST

Im Auto war alles wieder gut. Ich lehnte mich zurück und freute mich auf ein Wochenende ohne Regeln, ohne Ohrfeigen nach Fingerknacken und mit hervorragendem Essen. Mit Tante Helene hatten wir jemanden, der uns liebte und die wir liebten, die ein offenes und vor allem ein riesiges, großes Herz hatte. Und: Sie war eine wunderbare Köchin.

Bei den Soikas war es wie in einer richtigen Familie. Wir machten Ausflüge, die Bilder fotografierte ich in mein Gedächtnis. Wir schlendern in Blankenberg über Kopfsteinpflaster. Vorbei an Fachwerkhäusern. Ganz hoch zur Burg. Onkel Toni geht voran, er hält einen Stock wie ein Schwert in der Hand. Er erklärt uns, wie sich hier einst Herzöge und Grafen verteidigten. Zum Schluss gibt es ein großes Eis.

Nach den Ausflügen sitzen wir abends zusammen beim Abendbrot. Mit Holzbrettchen, Senf, Fleischwurst und verschiedenen Sorten Brot. Onkel Toni macht sich ein Bier auf, Tante Helene schenkt uns Früchtetee ein. Danach dürfen wir fernsehen und kuscheln uns in die Sessel im Wohnzimmer.

Wir schlafen in den alten Zimmern ihrer Kinder. Jedes Mal, bevor Tante Helene abends die Kissen aufschüttelt und uns fest zudeckt, nimmt sie uns in den Arm und nennt uns »meine Buben«. Ich kann mich heute noch genau an den Geruch erinnern, wenn man in ihren Umarmungen versank, an das Gefühl der vollkommenen Geborgenheit.

KAMELLE, KAMELLE!

Drei Jahre lang war Tante Helene für uns die wichtigste Bezugsperson. Von ihr lernten wir, wie im Rheinland Karneval gefeiert wird. Wir verkleideten uns als Cowboys, bekamen Plastikpistolen mit Munition, ein paar dieser roten Zwölfer-Ringe, die wir dann sofort auf der Straße verballerten. An einem Nachmittag im Februar wanderte Tante Helene mit uns zu einem Karnevalsumzug. Dort standen wir am Straßenrand, riefen »Kamelle!«, weil Tante Helene gesagt hatte, dass wir Bonbons bekommen würden, wenn wir »Kamelle« rufen. Und als die Bonbons tatsächlich flogen, sprangen wir hoch, um sie zu fangen. Wir lachten, als an uns die Gardesoldaten und die Funkenmariechen vorbeizogen. Tante Helene strahlte und wir sammelten die restlichen Bonbons vom Boden.

SCHON WIEDER EIN ABSCHIED

Tante Helene war 66 Jahre alt. Was wir nicht wussten: Sie litt an Leukämie und es sah nicht gut aus. An ihrem Geburtstag hatten wir noch mit ihr – durch das deutsche Fernsehen Schlager-geschult – den Udo-Jürgens-Klassiker gesungen: »Mit 66 Jahren, da fängt das Leben an.« Jerome und ich schmetterten: »Ihr werdet euch noch wundern, wenn ich erst Rentner bin!« Tante Helene und Onkel Toni lachten. »Ich kauf mir ein Motorrad und einen Lederdress!«

Doch mit 66 Jahren fing für Tante Helene nichts mehr an. Es ging zu Ende. Die lebensfrohe, liebevolle Tante Helene war todkrank und wurde in ein Krankenhaus eingeliefert. Wir hätten sie gerne besucht und hatten große Sehnsucht nach ihr. Sie war ein wichtiger Mensch in unserem Leben geworden, die Wochenenden mit ihr waren ein Höhepunkt. Doch die Familie meinte, es sei besser für uns, sie nicht mehr zu sehen. Onkel Toni wollte uns offenbar schützen und wollte, dass wir sie so in Erinnerung behalten, wie sie früher war.

Es war ein trauriger Tag, als Tante Helene starb. Ihr Tod war ein Schock für mich, man kann es nicht anders sagen. Ich konnte nicht glauben, dass Tante Helene nicht mehr lebte. Dass die Frau, die mit uns gespielt, die mit uns gelacht und gesungen hatte, die wir so sehr gemocht hatten, dass es sie nicht mehr geben sollte. Das ging nicht in meinen Kopf. Ich hatte das heftige und bittere Gefühl des Verlassenwerdens, in diesem Fall des endgültigen Verlassenwerdens. Wir hatten bereits Daressalam hinter uns gelassen. Unsere Freunde und unser Leben in Keko. Unsere Eltern und Brüder, die weit weg waren in Schweden. Und nun Tante Helene.

»LEICHEN...SCHMAUUUS«

Die Beerdigung war tatsächlich eines der traurigsten Erlebnisse meiner Kindheit. Es regnete, eine düstere Stimmung, eine Schwere lag in der Luft. Tante Helene, die so viele Menschen glücklich gemacht hatte, hinterließ tieftraurige Menschen. Und dann fiel dieses Wort, das Onkel Toni sagte, als er uns nach der Beerdigung in eine Eckkneipe führte: »Leichenschmaus, das nennt man bei uns Leichenschmaus!«

Dabei zog er das Wort so in die Länge, betonte jeden Buchstaben: »Leiiiichenschmauuuus!« Er hatte es so verinnerlicht, uns beiden das Deutsche, die deutsche Kultur und Sprache nahezubringen, ja, einzelne Wörter durchzubuchstabieren, dass er es selbst in seiner dunkelsten Stunde tat, als er seine Frau beerdigen musste.

Der Leichenschmaus bestand aus Bockwürsten und Kartoffelsalat. Die Männer tranken Bier, die Frauen Kaffee. Ich aß eine Wurst und trank eine Fanta. Jerome und ich sprachen die ganze Zeit kein Wort. Es kann an der Qualität der Wurst gelegen haben, aber dass ich mich am Abend zweimal übergeben musste, hatte wohl eher den Grund, dass mir das alles zu viel war: der Tod von Tante Helene, das traurige Begräbnis, die Trauer und Verlorenheit ihrer Familie – und das Gefühl, alleine zurückzubleiben.

Ich glaube, ich habe mich noch nie im Leben so verlassen gefühlt.

ZEIT DER ENTFREMDUNG

Meine Eltern waren unendlich weit weg. Einmal im Monat konnten wir mit ihnen telefonieren, manchmal auch nur einmal in zwei Monaten. Das waren seltsame Telefonate, manchmal waren sie kurz, von beiden Seiten recht wortkarg geführt, und hinterher wusste man nicht, wäre es jetzt besser gewesen, nicht zu telefonieren. Manchmal sprudelte es begeistert aus uns heraus, wir erzählten jedes Detail: was es zu essen gegeben hatte, dass wir Fußball gegen die andere Klasse gespielt hatten und dass es am Tag zuvor heftig geregnet hatte. Beide Seiten gaben sich größte Mühe, das Gespräch so normal wie möglich klingen zu lassen. Doch tatsächlich begann eine leichte Entfremdung.

Meine Realität wurde immer deutscher. Ich ging auf eine deutsche Schule, am Wochenende schaute ich mir deutsche Fachwerkhäuser an und im deutschen Fernsehen lief Kulenkampff. Die Telefongespräche glichen eher Rollenspielen, in denen jeder dem anderen ein gutes Gefühl geben wollte. Die Eltern bekamen unseren Alltag nicht mehr mit, sie wussten nicht, was wir machten. Und wenn wir nicht mit ihnen telefonierten, schrieben wir Briefe, die inhaltlich überschaubar waren: »Uns geht es gut. Wie geht es Euch? Wir haben gestern Fußball gespielt, heute gab es Linsensuppe, in Sport habe ich eine Eins.« Dennoch waren es großartige Tage, wenn sie uns besuchten, wenn wir sie zweimal im Jahr sahen, wenn wir eine echte Familie sein konnten.

Auf der anderen Seite hatten wir durch die Entfernung zu den Eltern immer eine Freiheit, die andere nicht hatten, das war vor allem später, als wir Jugendliche waren, durchaus ein Pluspunkt. Es gab keine Eltern, die uns Grenzen setzten. Sobald wir aus dem Internat draußen waren, setzten wir selbst unsere Grenzen.

Oder Pater Oerder.

GELENKT VON »CHARLIE«

Er wurde immer mehr zu meinem Ziehvater. An ihm konnte ich mich mit Argumenten reiben, mit ihm diskutieren oder streiten. Er war eine der prägenden Figuren in meinem Leben, nahm mich von Anfang an ernst, sah das Potenzial in mir, förderte mich – und baute die Leitplanken für den Weg ins Leben. Ein Mentor.

Er sah es als Lebensaufgabe, uns beizubringen, etwas mit »den eigenen Händen aufzubauen«. Er brachte uns das »harte Arbeiten« bei. Immer ging es darum, hart zu arbeiten. Das lag sicher an seiner Herkunft, als Sohn eines Arbeiters. Ihm war das wichtig, man musste Schwielen an den Händen haben, man sollte zupacken können, eine Sache mit großer Ausdauer verfolgen. Die Rhetorik des harten Arbeitens nahm immer mehr Raum in unserem Leben ein. Und die Wochenenden veränderten sich.

Wir gingen zunächst weiter zu den Soikas. Aber nach dem Tod von Tante Helene war alles anders. Onkel Toni tat sich schwer mit dem Verlust. Schließlich griff Pater Oerder erneut in unser Leben ein. Jerome verglich das mit der Fernsehserie »Drei Engel für Charlie«. Es gab in der Serie diesen ominösen Charlie, der sich per Telefon bei den drei Frauen mit Aufträgen meldete und im Hintergrund die Fäden zog.

Unser Charlie hieß Pater Oerder und er sagte: »Ihr kommt ab jetzt am Wochenende zu mir nach Bonn.«

Fixpunkt blieb unser Internat, Pater Oerders Kloster in Bonn war zunächst nur die Anlaufstelle für die Wochenenden.

Ein Wochenende bei Pater Oerder in der Pfarrei St. Winfried zu verbringen, hieß, in erster Linie früh aufzustehen und bei vielen Messen zu dienen. Jeder Tag begann mit dem Morgengebet, der Laudes, ging über das Gebet am Abend, die Vesper, und endete mit dem Nachtgebet, der Komplet. Darüber hinaus gab es am Samstag um 18.30 Uhr die Vorabendmesse. Am Sonntag um neun Uhr gab es die Frühmesse im gegenüberliegenden Johanniter-Krankenhaus, anschließend die Sonntagsmesse um elf Uhr. Manchmal folgte um 15 Uhr noch die Messe mit der spanischsprachigen Gemeinde.

Da Pater Oerder viel unterwegs war, nahm er uns, als wir etwas älter waren, auf seine Reisen durch ganz Deutschland mit. Jerome war 13, ich zwölf und wir »erfuhren« im wahrsten Sinne des Wortes mit Pater Oerders altem VW Golf die gesamte Bundesrepublik. Bei Terminen saßen wir still dabei und hörten zu. Den Diskussionen Pater Oerders über Politik lauschten wir dabei besonders gebannt. Waren wir wieder im Auto, war das die Zeit, in der wir Fragen stellen und diskutieren konnten. Pater Oerder konnte wunderbar erklären und hatte einen sehr scharfen Blick.

DIE STRATEGIE DER NETTEN

In den Ferien sorgte er dafür, dass wir bei Familien untergebracht wurden – und das in ganz Nordrhein-Westfalen. Wir fuhren quer durch das Bundesland. Pater Oerder hatte ein unglaubliches Netzwerk, er fand immer wieder Leute, die uns für einige Tage aufnahmen. Oft waren es Familien, die teils schwere Schicksalsschläge erlitten hatten und froh über ein wenig Ablenkung waren, besonders aktive Mitglieder in der Gemeinde, die sich freuten, ihm einen Gefallen tun zu können, und manchmal Familien, die es als ihre Pflicht ansahen und sich entsprechend verhielten.

Je mehr wir herumgereicht wurden, desto weniger kamen wir an. Teilweise blieben wir im Familienleben komplett außen vor und fühlten uns eher als Störfaktoren. In dieser Zeit entwickelten wir Strategien, um diesen Menschen, die uns netterweise ihr Heim öffneten, nicht zur Last zu fallen. Wir waren die Netten.

Ich war der Eisbrecher, der sofort auf alle zuging und ein Gespräch anfing. Jerome war zwar zurückhaltender, dafür konnte er sehr witzig sein. Das wirkte. Als Team verbreiteten wir vielerorts gute Stimmung. Ich ließ mich im Rheinland sogar widerwillig »Jupp« statt Joseph nennen, und wenn wir beide »Schnaps, das war sein letztes Wort« sangen, dann lachten alle herzlich und freuten sich.

Tatsächlich ging es den Familien wahrscheinlich hinterher oft besser, als das bei uns der Fall war. Sie hatten das befriedigende Gefühl, etwas Gutes getan zu haben – und sie hatten zwei fröhliche Jungs im Haus, die dankbar waren. Jerome und ich wurden in dieser Zeit teilweise in Situationen geschubst, die uns emotional komplett überforderten. Damit mussten wir klarkommen.

Einmal waren wir bei einer Familie auf einem Bauernhof. Die Besitzer nahmen uns wahnsinnig warmherzig auf. Sie zeigten uns, wie man eine Kuh melkt, wir durften im Morgengrauen mit dem Trecker übers Feld mitfahren und die Hundewelpen streicheln, die in einer leeren Box im Stall erst wenige Tage zuvor zur Welt gekommen waren.

Aber es gab auch die anderen Besuche. Im Herbst schickte uns Pater Oerder zu einer Familie, die schon bei der Begrüßung sehr zurückhaltend wirkte. Als wir in dem Zimmer waren, das sie für uns vorbereitet hatten, forderten sie uns auf, die Heizung herunterzudrehen, weil Heizen teuer sei und wir problemlos zwei Pullis übereinander tragen könnten. Das war damals so. Beim Abendessen wurde jede Scheibe Brot, jede Scheibe Wurst, die wir aßen, genau gezählt. Wir waren froh, als der Sonntag kam und wir wieder abreisen durften.

DIE HAARE DER TOCHTER

Eine weitere Station war ein Ehepaar, deren einzige Tochter wenige Wochen zuvor gestorben war. Was wir zunächst nicht wussten. Wir klingelten, betraten den gekachelten Flur, und das Erste, das wir sahen, als wir unsere Jacken aufhingen, war ein Bündel Haare, das an der Garderobe hing. Wir fragten, unwissend, ob es die Haare eines Tieres seien, vielleicht eines Pferdes?

Der Mann schaute uns stumm an und streichelte sanft über die Haare, bevor er sich umdrehte und im Esszimmer an den gedeckten Tisch setzte.

Seine Frau hatte für uns einen Marmorkuchen gebacken. Den aßen wir schweigend und tranken dazu warmen Kakao. »Das sind die Haare unserer verstorbenen Tochter«, sagte er plötzlich. Wir schluckten.

Die beiden gaben uns für das Wochenende das Zimmer ihrer toten Tochter und bemühten sich trotz ihrer offensichtlich tiefen Trauer, ein Gespräch mit uns in Gang zu halten.

Wir konnten kein Auge zumachen. Beide lauschten wir gebannt, ob wir irgendein verdächtiges Geräusch hörten. Wenn jemand in Tansania stirbt, wird er in der Regel sehr schnell beerdigt. Man bewahrt nichts von einem Toten auf, schon gar keine Haare. Verstorbene sollte man besänftigen, nicht ihre Ruhe stören.

Und wir sollten im Zimmer der Toten schlafen? Wir hatten panische Angst, dass in diesem Zimmer etwas Unvorhersehbares geschähe. Deshalb schliefen wir die ganze Nacht nicht. Wir taten unser Bestes, uns unser Unbehagen nicht anmerken zu lassen, und waren erleichtert, als wir wieder zurück im Internat waren.

Wir wurden also im wahrsten Sinne des Wortes in Nordrhein-Westfalen herumgereicht, waren bei Dutzenden von Familien untergebracht, meist nur ein paar Tage.

Außerdem stand zu dieser Zeit erneut ein Wechsel an. Dass Jerome und ich in Rüdesheim an die Grenzen stießen, erkannte Pater Oerder recht früh. Mit einem Hauptschulabschluss, den wir im Kloster Marienhausen ablegen konnten, wäre in den Augen Pater Oerders unser Potenzial nicht ausgeschöpft gewesen. Er sah, dass bei uns mehr drin war.

So sorgte er dafür, dass wir beide ins Antoniuskolleg, ein christliches Gymnasium in Neunkirchen-Seelscheid, wechseln konnten, rund 35 Kilometer von Köln entfernt. Ein Elite-Internat, das die dort tätigen Ordensbrüder sicher nie so nennen würden, aber man stellte einen ganz klaren Anspruch an die Schüler. Vor allem, und das schien uns beiden eine Verheißung: Es war ein koedukatives Gymnasium, wir würden gemeinsam mit Mädchen unterrichtet. Der Pater zog also die Fäden, wir ließen uns – in diesem Falle sogar äußerst willig – führen.

Das Motto hatte sich für uns nicht geändert: A luta continua – der Kampf geht weiter.

»DAS BESTE KOMMT NOCH«

Sehr geehrte Damen und Herren,
liebe Freunde,

Es ist eine entscheidende Zeit. Mitten in Europa
tobt ein Krieg, unser Wohlstand ist in Gefahr,
etwas Selbstverständliches, wie Strom und Gas,
wird knapp,
es fehlen in Deutschland Fachkräfte,
die Gesellschaft driftet auseinander,
unsere Schulen versuchen gerade,
das Wort Digitalisierung zu buchstabieren.

Und mit Russland, China, Indien, auch mit Brasilien und
Südafrika formieren sich mächtige Allianzen –
sowohl ökonomisch als auch sicherheitspolitisch.

Doch wir scheinen nicht vorbereitet
auf diese sich massiv verändernde Weltordnung,
die neuen Dynamiken machen uns zu schaffen.

Der jahrelange Wohlstand hat uns
etwas passiver und ambitionsloser gemacht –
und wir scheinen nicht bereit,
vielleicht auch nicht mutig genug,
die sich überlappenden Krisen
mit neuen Ansätzen zu lösen.

Offensichtlich ist uns der Schwung
abhandengekommen.

!

Das war nicht immer so.

Jenes Deutschland, das ich
in den 1980ern kennengelernt habe,
das ich schätze und achte,
war ein ökonomischer Taktgeber,
ein robustes Land über Jahrzehnte hinweg.

Ein Land, das nach dem Zweiten Weltkrieg
am Boden war – und das sich wieder aufgerichtet hat.
Diese Haltung hat mich immer beeindruckt,
daraus schöpfe ich als Deutscher
auch die Kraft für das Morgen.

Imponiert haben mir Menschen wie Konrad Adenauer,
dem es mit integrativer Kraft gelang,
dass die Deutschen wieder an sich selbst glaubten.
Oder auch Helmut Kohl, der mit der Wiedervereinigung
dem geteilten Land seine Identität wiedergegeben hat.

Und auch Angela Merkels kontroverses
»Wir schaffen das« hat am Ende gezeigt,
dass wir trotz allem die Herausforderung
gemeistert haben.

Denn wenn sich die Gesellschaft einig ist,
wenn wir uns in Deutschland
auf die wirklich wichtigen Dinge besinnen,
sind wir in der Lage, Großes zu leisten.

!

Doch wir neigen leider immer wieder dazu,
uns Schreckensszenarien auszumalen
und die Zukunft als etwas zu sehen,
das nur Risiken und Katastrophen bereithält.

Diese Neigung steht uns leider auch jetzt im Weg,
wenn es gilt, mutig die Transformation
von Ökologie, Wirtschaft und Gesellschaft
voranzutreiben.

Roman Herzog, der ehemalige Bundespräsident,
hatte diese Neigung der Deutschen
»mentale Depression« genannt
und gefordert, es müsse
ein »Ruck durch das Land« gehen.

Wir müssen offenbar immer wieder
daran erinnert werden,
zu was wir in der Lage sind,
welche Kraft wir aufbringen können
und dass wir eine wichtige Rolle in der Welt spielen!

Bezeichnend für eine gewisse Schläfrigkeit ist,
dass wir auch politisch falsche Prioritäten
gesetzt haben –
und die Konfliktlinien in einer neuen Weltordnung
offenbar falsch gedeutet haben.

Ja, was in der Ukraine passiert, was in Brasilien passiert,
welche Entscheidungen in Peking getroffen werden,
das hat massive Auswirkungen auf uns,
auf unseren Wohlstand –
und es wirkt so, als sei uns
das erst 2022 richtig bewusst geworden.

Umso mehr müssen wir nun die Konsequenzen
daraus ziehen: Die Frage ist daher:
Wer wollen wir sein in der zukünftigen Welt?
Für was steht das Deutschland von morgen?

Begriffe wie Zeitenwende sind schön,
müssen aber dringend mit Leben gefüllt werden.

Denn sicher ist:
Wir werden nicht mehr das sein, was wir waren.
Wir werden uns definitiv ändern müssen –
und dieser Prozess ist ein Marathon.

Die Transformation sollte jedoch nicht
als Bürde empfunden
und auch nicht so kommuniziert werden.
Sich zu transformieren
ist eine große Chance für das Land.

Dazu müssen wir uns endlich wieder trauen,
groß zu träumen,
groß zu denken,
das Große zu planen und umzusetzen
und alle gemeinsam zu Gestaltern
der Veränderung zu werden.

Ja, die Politik wird und muss vorangehen.
Aber ein Zeichen von Aufbruch ist es auch,
wenn Bürgerinnen und Bürger mutig
das Herz in die Hand nehmen.

Denn für uns alle muss gelten:
Wir haben es selbst in der Hand –
jeder Einzelne!

Wir brauchen diesen Glauben an uns selbst.
Und wir sollten die Fähigkeit aufbringen,
uns Dinge zu verzeihen,
die uns im Prozess nicht sofort gelingen.

Vielmehr sollten uns Anzeichen
von positiven Veränderungen motivieren,
denn sie zeigen:
Wir sind auf einem guten Weg.

Wir brauchen weniger die dauerbesorgten Gesichter,
die uns auf immer schwerere Zeiten einstimmen und
zum Verzicht mahnen.

Tatsächlich sind die Zeiten schwer.

Doch sich nur von der Angst leiten zu lassen,
hat sich meist als Fehler erwiesen.

Wer Angst hat, will, dass alles so bleibt, wie es ist.
Wer Angst hat, verweigert Reformen.
Wer Angst hat, fürchtet sich vor der Zukunft.

Vor allem aber suchen angstgetriebene Menschen
nicht selbst neue Lösungen,
sondern fordern sie vom Staat.

Da ist es einerseits Aufgabe der Politik,
die Menschen in ihrer Angst
nicht alleine zu lassen,
und andererseits liegt es an der Politik,
Klarheit zu schaffen
und Maßnahmen zu beschließen,
die weder Menschen bevormunden
noch zu tief ins Private reichen,
sondern ihnen helfen,
schwierige Situationen zu meistern.

Bürger brauchen klare Orientierung,
was in einer Notlage zu tun ist.
Und genau daran mangelt es häufig.

Jedes Unternehmen hat einen Notfallplan,
es weiß, was wann zu tun ist, wenn die Gefahr eintritt.
Und wann Entscheidungen gefällt werden müssen.

Wir dagegen erleben ein Lavieren,
ein Absichern
und letztlich ein Nicht-Anpacken
der tatsächlichen Herausforderungen –
als hätten wir ewig Zeit:
Energiewende, Rente, Digitalisierung,
die sozialen Sicherungssysteme – warum beeilen?

Warum vorangehen?
Warum etwas machen?

Tatsächlich ist jetzt die beste Zeit, anzupacken,
Stärke zu zeigen, voranzugehen.

Was wir brauchen,
ist Aufbruch!

Ist Mut.
Den Mut, für uns selbst einzustehen.
Den Mut, sich nicht beirren zu lassen.

Deutschland war immer am stärksten,
wenn es sich nicht von Ideologien hat leiten lassen.

Das Deutschland, das mir als junger Mensch imponierte,
war ein Deutschland der wirtschaftlichen Stärke.
Das Land stand für Mut,
für Hartnäckigkeit und Zuverlässigkeit.
Und das auch in Zeiten,
die alles andere als sicher waren.

Wir haben absolut keine Gewissheit,
dass alles so bleibt, wie es ist.
Wir sollten aber die Gewissheit haben,
dass wir alle gemeinsam die Dinge
so ändern können,
dass es wieder besser wird,
dass wir es in der Hand haben.

Denn es gibt Arbeit, es gibt große Aufgaben –
und es gibt eine Zukunft!

Deutschland war ein Land
der Effizienz und Klarheit,
ein Land der Entschlossenheit,

nach dem Krieg geprägt
von einem neuen Selbstbewusstsein.

Da müssen wir wieder anknüpfen.
Wir können nicht auf Kosten der Zukunft leben,
wir können auch nicht mehr
auf Kosten der Natur leben.

Besinnen wir uns auf das, was uns stark gemacht hat.
Suchen wir Beispiele und Vorbilder,
Menschen, Unternehmerinnen und Unternehmer,
Künstlerinnen und Künstler,
Sportlerinnen und Sportler,
eben echte Helden,
die unerschrocken an eine gute Zukunft glauben.

Lasst es uns ausprobieren.
Haben wir keine Angst, etwas zu riskieren.
Klammern wir uns nicht
an Ideologien.

Demokratie ist ein lebendiger Prozess.
Setzen wir auf die Stärke und
die Widerstandsfähigkeit
eines demokratischen Systems.

!

Setzen wir auf die Vielfalt der Stimmen und die Vielfalt
der innovativen Kräfte im Land.

Das heißt auch, dass wir nicht jeden,
der eine andere Meinung hat,
gleich als Extremisten und Rechten abkanzeln.
Das ist eher ein Zeichen von Schwäche.

Um in einer neuen,
in einer komplexen und vielschichtigen Welt

zu bestehen,
brauchen wir viele Stimmen,
auch gegensätzliche Stimmen,
wir brauchen vielschichtigen Input und
viele neue Ansätze.

Bildung, Wissen, Fleiß und Zielstrebigkeit haben unser Land stark gemacht.

DAS ist unser Rohstoff!

Und was wir uns über Jahrzehnte erarbeitet haben,
was wir heute sind, das ist nicht wenig.

!

Wir sollten uns mehr denn je
als Teil einer Gemeinschaft
hoch entwickelter Staaten begreifen,
die demokratisch, technologisch und gesellschaftlich
Maßstäbe setzen muss,
die Lüge und Angriffskriege verachtet,
die bereit ist, gemeinsame Werte zu verteidigen,
die für Anstand und Aufrichtigkeit steht,
die respektvoll und achtsam mit der Natur und ihren
Ressourcen umgeht.

Wir sollten gemeinsam nach vorne schauen und
optimistisch in die Zukunft blicken –
mit dem festen Willen,
eine noch bessere Zukunft für unsere Kinder zu schaffen.

Verharren wir nicht ängstlich vor den
Herausforderungen der Zeit.

Wagen wir den Aufbruch,
mit Kreativität und unternehmerischem Antrieb,
mit kritischer Wissenschaft und Forschung
und dem festen Willen, erfolgreich zu sein.

Und das in einem sozialen, ökologischen und ökonomisch verantwortungsvollen Sinne.

Haben wir wieder Mut, uns des eigenen Verstandes zu bedienen.
Dann brauchen wir auch keine Angst zu haben!

Und vor allem:
Entwickeln wir ein Zielbild.
Legen wir gemeinsam fest,
wohin wir uns als Gesellschaft entwickeln wollen.

Sprechen wir endlich klar und deutlich aus,
was Deutschland ist und was es in Zukunft sein soll.

Seien wir wieder ambitioniert und ehrgeizig,
seien wir leistungsbereit und mutig – und:
Gängeln wir uns nicht mehr gegenseitig,
seien wir tolerant und zuversichtlich,
behindern wir nicht Innovationen und
die Forschung,
und geben wir endlich
jedem die Freiheit, die er braucht!

Lasst uns eine Gesellschaft des Aufbruchs sein!

Denn: Das Beste kommt noch.

– VIER –

Deep Breath of Fresh Air

GEGEN DEN REGELFALL.

AUS JOSEPH WIRD JOE.

EIN BRASILIANER AUS TANSANIA.

1983. Das Antoniuskolleg war in jeder Hinsicht eine Verbesserung. Internat und Gymnasium lagen inmitten der Kleinstadt Neunkirchen-Seelscheid mit rund 5000 Einwohnern vor den Toren Siegburgs in der Nähe von Köln in bester Hanglage. Kleinstädtisches Leben – und es gab sogar eine Imbissbude. Die besten Pommes mit Currywurst in der gesamten Region für 2,50 Mark mit allem Drum und Dran. Mein Bruder Jerome und ich waren Stammgäste vom ersten Tag an.

Vor allem aber beflügelte uns die Aussicht, Mädchen kennenzulernen. In Marienhausen waren wir mehr oder weniger eingeschlossen mit einem Haufen von Jungs.

Es war wie ein »deep breath of fresh air«. Nach der Einsamkeit des Ordensklosters tat sich eine neue Welt auf. Pater Oerder glaubte an uns und schickte uns auf eine bessere Schule. Allein das machte mich stolz. Zunächst hieß es, wir sollten ein Probejahr machen, man wolle sehen, ob wir mithalten können. Das Jahr lief nicht so rund, es gab durchaus auch Fünfen im Zeugnis. Und am Ende des Schuljahres stellte sich die Frage: Versetzen oder nicht?

Ich wurde gegen den Regelfall versetzt. Man ging davon aus, dass ich den Stoff noch lernen würde. Latein, Geschichte und Politik. Und Pater Oerder – er blieb mein Mentor. Und er schaute, dass sich die Dinge für uns auch in Neunkirchen-Seelscheid gut entwickeln würden.

Im Antoniuskolleg prallten in der Schülerschaft drei Welten aufeinander. Die Erste Welt, das waren die deutschen Schülerinnen und Schüler, die aus gutem Elternhaus kamen. Die Zweite Welt, das waren Spätaussiedler aus Polen und auch Russland, die in den 1980er-Jahren nach Deutschland emigrierten. Und die Dritte Welt, das waren Jerome und ich.

JOE, DER HUNGERLEIDER

Das Rollenklischee war: Ich bin der Afrikaner, der Junge aus der Dritten Welt, der Hunger und Elend erlebt hat und froh ist, wenn er etwas zu essen bekommt. Afrika wurde in den Medien der 1980er-Jahre vor allem mit Hunger assoziiert, mit Krieg, mit Dürren, mit Entbehrung. Der berühmte Auftritt des Schauspielers Karl-Heinz Böhm bei »Wetten, dass..?«, als er die Wette anbot, dass jeder Deutsche in der Lage ist, eine Mark für Afrika zu spenden, und er später mit dem Geld die Hilfsorganisation »Menschen für Menschen« in Äthiopien aufbaute, war eine sehr gute Sache. Nur prägte diese Aktion auch das Bild von Afrika. In Deutschland dachte man: Die Afrikaner brauchen unsere Hilfe, sie sind schwach und verdienen unser Mitleid. Wenn ich also auf Afrikaner gemacht hätte, um das mal so auszudrücken, hätte ich das Dauerabo in der Loserrolle gebucht. Im Internat wäre das mein Untergang gewesen.

Was in Deutschland in den 1980ern sehr angesagt war, waren die USA. Michael Jackson, Eddie Murphy, Michael Jordan, Whitney Houston, Fast Food, McDonald's, Levi's, Stars and Stripes, amerikanischer Hip-Hop und Breakdance. Alles Dinge, mit denen ich mich identifizieren konnte.

Und so tat ich, was viele Afrikaner damals taten. Ich amerikanisierte mich und legte das Afrikanische weitgehend ab.

Was mir half, war der zu Beginn in Deutschland in der internationalen Schule angelernte amerikanische Akzent. Englisch war kein Problem für uns, wir sprachen es fließend. Ein bisschen Breakdance, ein bisschen Rap und ein bisschen Basketball, und schon war ich im Game. Aus Joseph wurde Joe. Ich fühlte mich wie Public Enemy, wie der Grandmaster Flash im Rhein-Sieg-Kreis, ich war Straight outta Neunkirchen-Seelscheid. Ein bisschen peinlich aus der heutigen Perspektive, aber damals mit 15 funktionierte es.

Ich gewann in der Zeit im Internat viele Freunde, die mich mein ganzes Leben lang begleiten sollten. Einer davon wohnte in Neunkirchen-Seelscheid in einem Viertel, in dem nach dem Zweiten Weltkrieg für die Heimatvertriebenen Siedlungen gebaut wurden. Die Straßen trugen Namen, die an die ostpreußische Heimat erinnerten: Breslauer Straße, Königsberger Straße, Kolberger Straße. Mein Freund kam aus Mazedonien, war Heimschläfer, und die Wohnung seiner Familie wurde für mich in den Jahren bis zum Abitur zu einer wichtigen Anlaufstelle.

»WIR ESSEN JETZT!«

Ich hatte einige Zeit gebraucht, um zu verstehen, dass, wenn du bei einem Freund zu Besuch bist und die Mutter ruft »Wir essen jetzt!«, es in Deutschland nicht bedeutet: »Iss doch mit!«, sondern vielmehr der Code dafür ist, sich sofort zu verabschieden. Anfangs hatte ich bei einigen meiner deutschen Freunde allein im Zimmer nebenan gewartet, bis die Familie mit dem Essen fertig war. Später wusste ich genau: »Wir essen jetzt!« bedeutet für mich eindeutig: »Tschüss!!!«

Diese Geschichten können viele Kinder aus Migrantenfamilien erzählen, die anders als die einheimischen Kinder das ungeschriebene Gesetz nicht kannten: Wenn in deutschen Familien gegessen wird und du nicht ausdrücklich eingeladen wirst, gehst du nach

Hause. Neulich habe ich ein TikTok-Video gesehen, in dem ein Migrant aus Osteuropa genau dieses Phänomen beschreibt, wie er als Kind im Nebenzimmer warten musste. Offenbar ist das auch noch im Jahr 2022 ein Thema.

So etwas wäre bei meinem Freund damals kaum passiert. Seine Eltern waren sehr herzlich und luden mich oft ein, mitzuessen. Dann saßen alle um den Tisch, alle sprachen gleichzeitig und vor allem laut durcheinander. Die Wohnung war klein, man saß dicht gedrängt und wenn man auf die Toilette musste, schob man sich mühsam an den Stühlen der anderen vorbei. Dazu zitierte mein Freund immer einen alten Spruch: »Nur für die Feinde ist das Haus zu klein.«

Auf dem Weg zum Fußballtraining hörten wir auf seinem Walkman, dessen Kopfhörer wir uns teilten, Liebeslieder vom Balkan. Schmalz aus einer mir unbekannten Welt.

Er liebte diese Lieder. Ich verstand kein Wort, sang aber nach ein paar Mal lauthals mit. Ein Lied, »Djurdjevdan« von Bijelo Dugme, hörten wir bestimmt hundertmal hintereinander, bis es selbst ich komplett auswendig konnte.

BALKAN DEEP DOWN TO THE BONE

»Djurdjevdan« ist ein auf dem Balkan sehr beliebtes Lied, im Wesentlichen geht es um den tiefen Schmerz, ausgelöst durch einen Gefangenenzug, mit dem Menschen im Jahr 1942 von Sarajevo in das Konzentrationslager Jasenovac gebracht wurden.

Es mündet im sinngemäß übersetzten Refrain: »Schade, ich bin nicht zusammen mit der, die ich liebe.«

Aus voller Kehle sang ich:

Ej, evo zore, evo zore
Bogu da se pomolim
Evo zore, evo zore
Ej, Đurđevdan je
A ja nisam s onom koju volim

Ich hatte keine Ahnung, was ich da sang. Aber Musik muss man spüren. Und wenn ich was spürte, dann »Djurdjevdan«. Weil ich das Lied ohne Mühe und nahezu mit richtiger Betonung nachsingen konnte, verliebte ich mich tatsächlich später in Nürnberg in eine junge Serbin. Mit dem textsicher vorgetragenen »Djurdjevdan«.

Wenn wir nicht Musik hörten, schauten wir Filme. Und wir haben wirklich alles angeschaut: *Rambo 1*, *Rambo 2*, die Rocky-Filme, eben die Perlen der amerikanischen Popkunst, die ein pubertierender Junge damals in den 1980ern aufsaugen musste und ohne die man im Prinzip gar nicht mitreden konnte. Wir verfolgten gebannt, wie Sly sich im Dschungel Respekt verschaffte, und riefen die Antwort auf die alles entscheidende Frage »Was macht es?«: »Es leuchtet blau!«

KÄMPFEN NACH GERÄUSCH

Eine besondere Perle war aus unserer Sicht der Film *Die 36 Kammern der Shaolin*. Ein Prügelfilm Marke Fernost (»Die härtesten Kämpfer, die es je gab!«), den wir wegen seiner Kung-Fu-Szenen nicht nur gebannt schauten, sondern irgendwann auch komplett auswendig kannten – und zwar nicht nur jeden Dialog, sondern jedes einzelne Geräusch. Wir konnten tatsächlich nahezu alle Kampfgeräusche perfekt imitieren, so passgenau und vor allem immer an der richtigen Stelle nachmachen, dass unsere Freunde wirklich glaubten, sie sehen gerade die *36 Kammern*.

Sport war in der Schule wichtig für uns. Im Sport konnte ich glänzen. Mit dem Sport konnten wir uns Anerkennung verschaffen – und mit dem Sport konnte man Mädchen beeindrucken. Ich spielte also mit meinem Freund Fußball im Verein. Wir sahen uns, ganz jugendliche Hybris, als wichtige Stützen der Mannschaft. Gegenseitig pushten wir uns hoch, diskutierten über den letzten Spieltag der Fußball-Bundesliga und gingen eigentlich fest davon aus, dass wir irgendwann vom 1. FC Köln zum Probetraining eingeladen würden.

Das ist bis zum heutigen Tag nicht eingetreten.

Wir warten aber noch.

Ich rannte schnell und spielte beim Kicken mannschaftsdienlich. Das ist wichtig in Deutschland. War der Ball vorne, rannte ich nach vorne in den Sturm, wenn der Gegner auf unser Tor zustürmte, rannte ich wieder nach hinten. Es wäre mir nicht in den Sinn gekommen, dass ich einfach vorne stehen bleibe oder mich hinten ausruhe.

Ich wollte, wie gesagt, der Motor der Mannschaft sein, kam als klassischer Achter von hinten, schleppte die Bälle nach vorne, grätschte und lief und lief, wie später Forrest Gump im Film. Ich war damals 16 Jahre alt, und der Erfolg beim Kicken bedeutete für mich maximale Bestätigung.

Vor allem war es ein Gebiet, das ich mir selbst erobert hatte.

EIN BRASILIANER AUS TANSANIA

Bei einem Sichtungsturnier des Rhein-Sieg-Kreises sprach mich endlich ein Trainer an. Ich kannte den Mann nicht, er stellte sich nicht vor und ich fragte auch nicht. Später erfuhr ich, dass es der Trainer der U-16-Nationalmannschaft war. Er sollte mit der A-Nationalmannschaft sogar Fußballweltmeister in Italien werden, weil der eigentliche Trainer, Franz Beckenbauer, keinen Trainerschein hatte und deshalb nur »Teamchef« genannt werden durfte. Jedenfalls sprach mich auf diesem Lehrgang Holger Osieck an, der Holger Osieck. Er fand mich klasse, sah in mir eine Nachwuchshoffnung, lobte meinen Einsatz, mein Talent, hielt mich aber die ganze Zeit für einen »Brasilianer«, obwohl ich ihm mehrfach sagte: »Tansanier«. Der Unterschied war egal, denn ich war noch kein Deutscher, konnte also nicht in einer Auswahlmannschaft mitkicken. Deshalb blieb es bei TuRa Hennef als Heimatverein.

Mit einem anderen Freund ging ich zum Leichtathletiktraining. Wir rannten 100 Meter, 400 Meter, und ich wollte immer vorne dabei sein. Es fiel mir leicht: einfach rennen.

Die Sportlehrer analysierten das damals noch recht unwoke: »Klar, dass der so schnell läuft, wenn der zu Hause in Afrika immer die Zebras einfangen muss!« Deutsche Witze in den 1980er-Jahren im Originalwortlaut. Ein bisschen Spaß muss sein!

BIN BEI CALLE DEL'HAYE

Unsere Erzieher waren durchweg Ordensbrüder, anständige Männer, die versuchten, uns die Bedeutung von Vernunft, Liebe und Religion nahezubringen. Es lag ihnen fern, jemanden zurückzulassen, sie kümmerten sich auch und gerade um die schwierigen Jungs – und versuchten, die sozialen Spannungen zwischen allen zu entschärfen. Das gelang ihnen meist sehr gut. Doch manches Mal erwiesen sie sich als etwas weltfremd. So kannten sie zwar zahlreiche Bibelstellen und konnten sie präzise zuordnen und interpretieren. Was sie nicht kannten: die aktuellen Aufstellungen des FC Bayern München oder von Borussia Mönchengladbach.

Wenn wir am Nachmittag wegwollten, einfach mal raus aus dem Internat, schrieben wir Zettel wie: »Ich bin bei Roland Grahammer Physik lernen.« Oder: »Ich lerne mit Calle Del'Haye Mathe.«

Das beruhigte sie – und wir waren raus.

HEAVY METAL MIT POSAUNE?

Zur neuen Freiheit gehörte vor allem Musik. Ich hörte alles, was angesagt war, ich kannte alles. Ich liebte Musik. Und ich begann, selbst Musik zu machen. Rappen klappte ganz gut, auch Hardrock-Nachsingen faszinierte mich.

Doch bei der Entscheidung für ein Instrument blieb mir leider keine Wahl. Ich träumte vom Schlagzeug. Hinter Snare Drum und Bass Drum zu sitzen, mit den Stöcken einen Drumroll hinzulegen, so sah ich mich. Und als der Pater, der die Big Band in Neunkirchen-Seelscheid leitete, neue Musiker suchte, sagte ich hoffnungsfroh: »Ich würde gerne Schlagzeug lernen!« Er winkte ab: »Wir haben schon drei Schlagzeuger, aber wir suchen eine Posaune.« Posaune? Echt jetzt?

Ich wollte Schlagzeug lernen! Weil ich nicht nur Rap, sondern zu der Zeit auch viel Heavy Metal und Hardrock hörte. Ronnie James Dio war mein absoluter Favorit. Die Band hieß Dio, das beste Stück »Holy Diver«:

There's a truth that's hard as steel
The vision never dies
Life's a never ending wheel
Holy diver
You're the star of the masquerade
No need to look so afraid

Iron Maiden stand mit »Powerslave« natürlich auch ganz oben:

Tell me why I had to be a Powerslave
I don't wanna die, I'm a god
Why can't I live on?
When the Life Giver dies
All around is laid waste
And in my last hour
I'm a slave to the Power of Death

Oder Judas Priest! »Breaking the law« hörte ich, bis mir die Ohren abfielen. Und diese Bands hatten alle einen Schlagzeuger.

Welche Metal-Band hatte einen Posaunisten?

Doch mir blieb keine andere Wahl. Wenn ich mich gegen die Posaune entschieden hätte, hätte der Pater für mich am Wochenende irgendwelche anderen Jobs gefunden. Dann hätte ich den Hof fegen oder am Ende noch andere dusselige Tätigkeiten über mich ergehen lassen müssen.

Also lernte ich Posaune. Nach einiger Zeit klangen die Töne nicht mehr ganz so schief. Aber eine große Liebe wurde es nie.

Und ob nun Rob Halford, der unangefochtene »Metal God«, ins Mikrofon falsettierte, Roland Kaiser sang, dass er auf der »Santa Maria« seine »Sinne verloren« habe oder ich am Wochenende bei Pater Oerder die *Wassermusik* von Georg Friedrich Händel hörte, ich feierte alles.

Halleluja!

THE POWER OF NACHHILFE

Und dann gab es da noch den Stehblues-Klassiker: »The Power of Love«.

The Power of Love – ein Lied, bei dem ich mich in Ute verliebte. Ute – das war eine zarte Liebe, die leider nie richtig erblühte. Sie war aus Neunkirchen-Seelscheid, wir hatten uns in der Schule kennengelernt. Doch alles war noch sehr schüchtern, ein wenig verklemmt. Einmal verabredeten wir uns, sie wollte mir Nachhilfe geben.

Das war der Plan.

Ein bisschen hoffte ich, dass »Nachhilfe« eher die Chiffre für etwas anderes wäre. In großer Erwartung klingelte ich, setzte mich in ihr Zimmer und sie begann, mir Trigonometrie zu erklären.

Da kam ihr Vater herein, ohne Klopfen. Er war Oberstleutnant bei der Bundeswehr, zackig im Auftreten, schnittig in der Sprache.

Er herrschte Ute wegen irgendetwas an, wegen was genau, habe ich vergessen. Doch die Art und Weise, wie er das tat, wie er schimpfte, ließ die Stimmung in Utes Zimmer schnell kippen in Richtung: Wegtreten!

Und so blieb es statt »The Power of Love« beim innigen Wunsch: »I want to know what love is«. Foreigner, Album *Agent Provocateur*, drittes Lied.

Die Platte besaß wirklich jeder.

WAS SOLL MAL AUS EUCH WERDEN?

Was uns wirklich antrieb, war der oft wiederholte Satz: »Was soll mal aus euch werden!?«

Das hing wie ein Damoklesschwert über uns allen. Die Ordensbrüder sagten es, die Lehrer sagten es, die Familien der Freunde und Mitschüler sagten es: »Was soll mal aus euch werden!?« – immer mit diesem leicht besorgten Unterton, der mir wirklich Angst machte. Wir hatten sehr viel zu verlieren und nahmen das ernst.

Was soll mal aus euch werden – kaum etwas verunsicherte so wie dieser Satz. Ich hatte das Gefühl, dass es bei mir wie ein Kainsmal auf der Stirn stand: Aus mir wird vielleicht gar nichts. Vermutlich haben wir das sogar bis heute nicht abgelegt, weder meine Freunde von damals noch ich.

ÜBER EINEN DAUERLUTSCHER IN DIE POLITIK?

Die Mutter eines meiner Internatskameraden arbeitete damals als Geschäftsführerin bei Chupa Chups in Deutschland. Chupa Chups sind die aus Spanien stammenden und mittlerweile weltweit sehr beliebten Lollipops.

Irgendwann bewarb sie sich für ein politisches Amt. Sie kandidierte in Bonn-Pech – und musste eine kleine Kampagne starten.

Wir klebten Plakate, auf denen zum einen für die Mutter meines Freundes geworben wurde, zum anderen für eine Diskussionsveranstaltung mit einem aufstrebenden jungen Politiker aus der FDP: Guido Westerwelle.

Westerwelle war damals Bundesvorsitzender der Jungen Liberalen. Er hatte die Nachwuchsorganisation der Partei wenige Jahre zuvor mitbegründet.

Uns sagte der Name ehrlich gesagt nicht viel.

Aber mein Freund und ich gingen trotzdem hin und diskutierten mit ihm über liberale Politik. Ich wollte von Westerwelle wissen, wer sein wichtigstes Vorbild in der Politik sei. Er antwortete: »Hans-Dietrich Genscher, weil er am überzeugendsten die liberalen Werte lebt und nach ihnen handelt.«

Der Abend mit Westerwelle war spannend, weil er so präzise und pointiert sprechen konnte. Das imponierte mir. Ich wollte wie er auch keiner Diskussion aus dem Weg gehen. Sobald es in der Schule einen Anlass gab, zu debattieren, debattierte ich. Ich suchte nach besseren Argumenten, gemeinsam mit anderen feilten wir an unserer Rhetorik. Ich hatte eine neue Leidenschaft, die ich wunderbar am Abendbrottisch trainieren konnte. Die Patres waren weltoffen und konservativ, und damit CDU-nah. Über die Weltpolitik wurde fast jeden Abend gesprochen. Wir diskutierten über Tschernobyl, Afghanistan und vieles mehr. Auch wenn es den Ordensbrüdern eigentlich nicht erlaubt war, über Politik zu reden, setzte ich diese Themen immer wieder auf die Agenda.

REISEN AUF DEN SPUREN GOTTES

Pater Oerder blieb stets in meinem Kosmos. Mit seinem Passat Kombi fuhr er kreuz und quer durch Deutschland, sammelte Spendengelder ein, unterstützte Projekte in aller Herren Länder, wie den Philippinen, der Mongolei und Bolivien, und suchte stets nach neuen Unterstützern und Geldgebern.

An den Wochenenden gingen Jerome und ich damals mit zu unseren Freunden, in Museen, in Konzerte oder auf Partys. Wenn uns danach war, nahm Pater Oerder uns mit auf seine Reisen. Nach Hildesheim, Paderborn oder Bremen. Städte, die wir noch nicht kannten.

Er fuhr über Landstraßen, und wenn er gegen Mittag auf uns blickte und fragte: »Habt ihr Hunger?«, dann wurde es richtig gut. In vielen Wirtshäusern gab es die Pommes auf großen Platten, und mein Bruder und ich arbeiteten uns tapfer durch die riesigen Kohlenhydratberge.

Wir redeten viel im Auto. Oft ging es um die letzte Frage, dem Leben nach dem Tod. Pater Oerder hat uns immer herausgefordert. Ich habe zu jener Zeit viel gelesen, christliche Literatur, aber auch Klassiker wie *Schuld und Sühne* von Dostojewski. Außerdem hatte ich einen guten Freund, der zwar viel kiffte, aber klug war und einen sehr wachen Geist hatte. Eines Tages hat er mich gefragt:

»Gibt es das Böse?«

Ich bejahte, es musste ja das Böse als Gegensatz zu Gott geben. Er lachte und sagte lakonisch: »Du hast deinen Glauben, ich habe ihn nicht, das ist dein Vorteil.«

Die Frage ließ mich nicht los. Im Passat Richtung Hildesheim fragte ich Pater Oerder: »Pater Oerder, ist Gott allmächtig?« Er antwortete: »Ja, Gott ist allmächtig.«

»Aber, Pater, eine Sache verstehe ich nicht, wenn Gott allmächtig, also vollkommen ist, warum hat er den Menschen erschaffen?«

Da kam die theologische Antwort. Gott habe den Menschen als sein Ebenbild geschaffen.

DIE UNVOLLKOMMENHEIT DES MENSCHEN

Ich fuhr fort: »Ja, aber alles, was erschaffen wurde, wurde aus einer Unvollkommenheit heraus erschaffen. Aber wenn Gott vollkommen ist, dürfte er kein Bedürfnis haben, einen Menschen zu erschaffen, der unvollkommen ist. Und warum muss der Mensch, der unvollkommen ist, sich im irdischen Jammertal so verhalten, dass er irgendwann zu seiner Rechten sitzen kann. Und wenn Gott vollkommen ist, woher kommt das Böse beziehungsweise das, was wir als böse empfinden. Konkurriert Gott mit dem Bösen um die Menschen? Dann kann er nicht vollkommen sein. Ist aber beides, weil von Gott erschaffen, in ihm, dann können wir als Mensch nie falsch handeln, weil wir im Sinne Gottes handeln.«

Diese Fragen waren keine Anwandlungen in Mußestunden, sondern haben mich in meiner Jugend beschäftigt und beschäftigen mich bis heute.

Wir reisten also im Passat durch Deutschland und redeten über Gott und die Welt. Auch über die deutsche Verantwortung für den Zweiten Weltkrieg und den Holocaust, der die Existenz Gottes gleichermaßen infrage stellte.

Wenn das Gespräch auf den Zweiten Weltkrieg kam, konnte Pater Oerder sehr drastisch werden. Wir fuhren beispielsweise durch eine Gegend, in der er als junger Mann war. Da sagte er unvermittelt: »Schaut, da hinten, da an der Mauer, da hingen Tote herunter.«

An einer anderen Stelle sagte er: »Da oben haben die Engländer deutsche Soldaten festgenommen.« Und als wir einmal an einem regnerischen Tag an einer breiten Straße vorbeikamen: »Da lag ein totes Pferd. Es starb in einem Bombenhagel. Weil wir so Hunger hatten, haben wir uns ein Stück herausgeschnitten und es gegessen.«

Die Bilder des Krieges waren sehr präsent in seinem Kopf. Und er ließ uns daran teilhaben. Für mich war das schwer vorstellbar. Dieses Deutschland lag so ruhig, so sauber da, die Geranien blühten auf den Balkonen, und nur vier Jahrzehnte zuvor war das ein Schlachtfeld.

DIE FRAGE NACH SCHULD UND SÜHNE

Jahre später, zu seinem 60. Geburtstag, sollte ich erfahren, dass mein Pater als Jugendlicher HJ-Führer im Rheinland gewesen war. Er hat uns nie davon erzählt. Dabei muss ihm klar gewesen sein, dass ein Junge wie ich, der die deutsche Geschichte förmlich aufsog, der später Geschichtsleistungskurs wählte, der vom Hambacher Fest über die Versailler Kaiserproklamation bis hin zu den Nürnberger Rassegesetzen die entscheidenden Wegmarken Deutschlands wiedergeben konnte, dass diesen Jungen ein Bericht über die Tätigkeit in der HJ durchaus hätte interessieren können.

Pater Oerder war sicher nicht der Einzige, der Details aus seinem Leben besser wegließ, mich traf das aber sehr. Auch weil es in unseren Gesprächen oft um Schuld und Verantwortung ging.

Während andere seiner Generation, auch die Älteren in Deutschland, im Hinblick auf die Aufarbeitung der deutschen Verbrechen zu einem »Es muss jetzt mal gut sein« tendierten, sagte Pater Oerder sehr aufrichtig: »Was wir damals getan haben, war falsch! Wir haben Schuld auf uns geladen.«

Die Frage nach Schuld und Sühne, ob man Schuld auf sich laden kann, wie es gelingt, um Vergebung zu bitten, begleitet mich seither durchs Leben. Pater Oerder hat nicht nur die entscheidenden Weichen gestellt – er hat auch eine geistige Basis für mich geschaffen, auf der ich mein Leben aufbauen konnte.

Vielleicht war die Frage nach Schuld und Sühne einer der Gründe, warum Pater Oerder damals den Ruf verspürte, Priester zu werden. Um Buße zu tun und dabei zu helfen, dass Jugendliche nicht wie er die falschen Entscheidungen treffen.

Pater Oerder hat neben Jerome und mir unzähligen Kindern und Jugendlichen in der ganzen Welt mit seiner unermüdlichen und unerschütterlichen Arbeit geholfen. Aber mein Leben hat er in besonderem Maße berührt. Dafür werde ich ihm bis an mein Lebensende dankbar sein.

Im Alter litt Pater Oerder an schwerer Demenz. Als er die Diagnose erhielt, fühlte es sich an, als würde ich erneut einen Vater verlieren. Pater Oerder war immer für mich da, stand mir auch im Erwachsenenleben mit Rat und Tat zur Seite, hat nie das Interesse verloren, und ich nutzte jede Gelegenheit, ihn zu sehen. Was uns zu dieser Zeit Freude bereitete, war, gemeinsam Musik zu hören. Die Musik von früher. Musik war eine Möglichkeit, ihn zu erreichen.

Oft sah er mich danach an, lächelte und konnte sich an meinen Namen erinnern. Bei den letzten Besuchen hat Pater Oerder mich nicht mehr erkannt. Er schlief im August 2019 friedlich in seinem Zimmer ein. Mein Bruder Jerome und ich waren Messdiener bei seiner Totenmesse. Ich besuche noch heute regelmäßig sein Grab. Viel von dem, was er mir gegeben hat, lebt in mir weiter.

– FÜNF –

Der »Drecksstift« wird erwachsen

LEHRLING WIDER WILLEN.

DJURDJEVDAN.

IM HERZBLATT-HUBSCHRAUBER INS ALLGÄU.

1989. Für Deutschland das Jahr des Mauerfalls, für mich das Jahr des Abiturs. Geschichte, Englisch und Latein mochte ich sehr. Sie waren deshalb zusammen mit Biologie und Sport meine Prüfungsfächer.

Ich war 19 und hatte große Pläne. Ich wollte ein freiwilliges soziales Jahr in Ecuador machen, die Salesianer haben dort ein Heim für Straßenkinder. Dort wollte ich Spanisch lernen und eine Jugendgruppe leiten. Pater Oerder spielte eine so große Rolle in allen Entscheidungen, die mein Leben betrafen, dass ich etwas zurückgeben wollte. Ihm, den Salesianern und auch den Kindern in den armen Ländern der Dritten Welt.

Aber Pater Oerder hatte völlig andere Pläne für mich.

Er war der Meinung, nach dem Abitur solle ich eine handwerkliche Lehre absolvieren, kein Studium und auf gar keinen Fall ein freiwilliges soziales Jahr.

Pater Oerder rief mich also zu sich und ließ sich erklären, was genau ich mir vorstellte, und vor allem, warum ich nach Ecuador gehen wollte. Er hörte sich geduldig jedes Argument an und nickte abwägend mit dem Kopf. Danach erklärte er mir seine Beweggründe.

HANDWERK HAT GOLDENEN BODEN

Pater Oerder war noch ein Jugendlicher, als der Zweite Weltkrieg ausbrach. Auch die Zeit nach dem Krieg, im Wiederaufbau, als handwerkliche Fähigkeiten oft den entscheidenden Unterschied im täglichen Überlebenskampf bedeuteten, hatte ihn sehr geprägt. So war ihm wichtig, dass ich einen handwerklichen Beruf erlernte. »Handwerk hat goldenen Boden« war eine seiner Lieblingsweisheiten. Pater Oerder kam aus einer Generation, in der Kriege nicht nur denkbar, sondern Teil der Realität waren. Deshalb wollte er mich an der Werkbank sehen. Das war für ihn ehrliche Arbeit, die krisenfest war.

Er sprach lange davon, wie bedeutsam es für einen Menschen sei, etwas mit den eigenen Händen anzupacken, ja erschaffen zu können. Er wollte, dass ich diese Art Arbeit von der Pike auf lernte. Danach könne ich studieren, wenn ich es denn wolle. Aber erst mal müsse die handwerkliche Ausbildung her, um ein Fundament für mein Leben zu legen.

Pater Oerder und ich diskutierten danach vier lange Stunden, was für mich der beste Weg wäre. Es gab in meinem Leben zwei entscheidende Vierstundengespräche. Das war eines davon.

Am Ende ließ er mir keine Wahl. Er teilte mir mit, dass wir am nächsten Sonntag einen Termin zum Kaffee bei Rolf Hasenclever in Lüdenscheid hätten, dem Inhaber der Firma Hasco. Das Unternehmen produziert bis heute Formen für den Werkzeugbau, vor allem Präzisionsteile. Klassischer deutscher Mittelstand. »Du wirst mir dafür später sehr dankbar sein.« Er behielt recht.

Der Termin lief gut. Rolf Hasenclever und ich mochten uns auf Anhieb. Er erzählte so begeistert und anschaulich von der Metallverarbeitung, dass ich tatsächlich begann, mich für das Thema zu erwärmen. Am Ende des Gesprächs bot er mir eine Ausbildung als Zerspanungsmechaniker in seiner Niederlassung in Nürnberg an.

Was mich als ehemaligen Geschichtsleistungskursler mit der Stadt verband, waren eher das Reichsparteitagsgelände und die Nürnberger Prozesse.

Aber ich kam nicht als Tourist. Vom Bahnhof führte der erste Weg in ein Don-Bosco-Heim. Dort zog ich in ein kleines Zimmer, das ich mir mit einem weiteren Lehrling teilte. Zwei Betten, zwei Stühle, ein Tisch. Morgens frühstückte ich mit den anderen Bewohnern im Speisesaal. Zu essen gab es eine Scheibe Brot, Marmelade und Caro-Kaffee. Man stand vor dem Frühstück hinter seinem Stuhl, betete, dankte Gott. Dann wurde gegessen und meist geschwiegen.

So begann meine Zeit in Nürnberg.

Ich war der »Drecksstift« im ersten Lehrjahr, mit dem man alles machen konnte. Wir mussten mitten im Winter tonnenweise Metallstangen vom Hof verladen. Draußen herrschten minus vier Grad, die Stangen waren eiskalt. Hinterher spürte ich meine Fingerkuppen nicht mehr. Aber so wie der Vorarbeiter mich anschaute, wäre es sicher keine gute Idee gewesen, nach Handschuhen zu fragen.

FEILEN UND FEILEN UND FEILEN

Ich stand in der Hackordnung als Stift nicht nur weit unten, sondern ganz unten. Und zu »ganz unten« gehörte, dass ich in den ersten Wochen U-Stahl feilen musste. Wer das kennt, weiß, was es bedeutet. Immer nur eine Handbewegung, immer und immer wieder, stundenlang, hin und her, hin und her. Ich feilte und feilte und feilte und feilte. Acht Stunden lang, für sechs lange Wochen.

War ich mit einer gewissen Überheblichkeit in die Ausbildung gestartet – ich hatte ja schließlich Abitur und in einer der Reden bei der Verleihung der Zeugnisse hieß es: »Genau zu diesem Zeitpunkt habt ihr das breiteste Wissen, das ihr in eurem Leben je haben werdet« –, war mein Oberwasser doch nur eine Sache von ein paar Wochen. Ich hatte noch nie in meinem Leben Arbeit in solcher Härte kennengelernt.

Pater Oerder hatte meinen Bruder und mich früher in den Ferien zur Arbeit angehalten, sobald wir 16 Jahre alt waren. Im Sommer fuhr er uns zu einer Putenfarm in Kranenburg am Niederrhein an der holländischen Grenze. Dort haben wir wochenlang, oft bei großer Hitze, während der Strohernte Strohballen in Anhänger verladen oder die 16 000 Puten, die in drei großen Hallen untergebracht waren, mit Futter und Wasser versorgt. Während die Freunde in Italien am Strand lagen oder in Österreich auf der Bergkuppe standen, keuchten wir mit der Mistgabel auf dem Feld oder mit Eimern in der Halle. Die Sonne brutzelte uns Löcher in den Kopf und der Schweiß lief literweise. Das war harte körperliche Arbeit.

Die Ausbildung zum Zerspanungsmechaniker war noch mal eine andere Hausnummer.

Hatte ich anfangs in Nürnberg regelmäßig die *Süddeutsche Zeitung* gelesen, um zu wissen, was in der Welt passiert und meinen Horizont zu erweitern, schaffte ich nach ein paar Wochen gerade noch, in der Mittagspause ein bisschen in der *Bild*-Zeitung zu blättern.

Mehr war nicht drin.

SCHMIERÖL IM KOPF

Tiefergehende Gedanken verirrten sich nicht in meine Synapsen. Acht Stunden körperliche Arbeit laugten mich komplett aus. Abends schleppte ich mich aufs Zimmer. Ich roch nach Schmieröl und die Schläge der Maschinen hallten in meinem Kopf nach.

Ich duschte, warf mich aufs Bett und schlief sofort ein, um morgens durch den Wecker aus dem Tiefschlaf hochzuschrecken, aufzustehen und pünktlich um sieben Uhr in der Fabrik zu stempeln. Ich hämmerte mir ein: Die Aufgabe, der ich nicht gewachsen bin, muss erst noch gefunden werden.

Auch wenn mich der Geruch der Werkshalle oft bis tief in den Schlaf begleitete, war eine Sache klar: Ich lernte Arbeit, regelmäßige, harte Arbeit. Was ich ebenfalls dort fand, war Kameradschaft. Die anderen Stifte und ich halfen uns gegenseitig. Konnte einer von uns nicht mehr, sprangen die anderen ein.

Mein Lehrmeister war im wahrsten Sinne des Wortes ein Meister seines Fachs. Der Beruf des Fräsers ist gekennzeichnet von hoher Präzision und einem guten Gespür für das Material. Das ist etwas, was mit den Jahren und der Erfahrung kommt. Mein Lehrmeister war ein freundlicher Mann, mit kräftigen Armen und ruhiger Stimme, in seiner Freizeit ein sehr guter Ringer. Er konnte hervorragend erklären und verbrachte Stunden mit mir an der Werkbank, damit ich an meinen Werkstücken für die Prüfung arbeiten konnte. Ohne ihn hätte sich die Ausbildung für mich sicher deutlich komplizierter gestaltet, aber er sorgte dafür, dass ich dranblieb.

Pater Oerders Plan schien aufzugehen.

Doch so ganz lässt sich das Gehirn nicht in den Ruhestand schicken. Nachdem ich mich körperlich an die Arbeit gewöhnt hatte und wieder das Leben um mich herum wahrnahm, fing ich an, mich für mehr zu interessieren als meinen direkten Arbeitsbereich. Einer der Betriebsräte sprach mich kurz darauf an, ob ich

Interesse hätte, mich mehr zu engagieren. Bei meinen Mitauszubildenden war ich damals derjenige, der ihre Rechte vertrat und für bessere Bedingungen am Arbeitsplatz kämpfte. Dieser Einsatz verschaffte mir – obwohl ich noch in der Ausbildung war – durchaus Ansehen bei Hasco.

Ich hatte schon damals großes Interesse, an den Arbeitsbedingungen mitzuwirken. Das ist einer der Gründe, warum ich später, im eigenen Unternehmen, flache Hierarchien aufstellte. Jeder soll die Möglichkeit haben, seinen eigenen Arbeitsplatz und Arbeitsbereich innerhalb eines gesteckten Rahmens, aber dort mit größtmöglichen Freiheiten, aktiv mitzugestalten.

Außerdem trat ich 1990 bei den Grünen ein. Die Themen, die Deutschland in Atem hielten, waren Tschernobyl, Sandoz und das Ozonloch. Keine Partei war so radikal aktivistisch wie die Grünen. Das gefiel mir.

Der Bruch mit ihnen passierte, nachdem Joschka Fischer Außenminister wurde. Die Nato bereitete vor dem Hintergrund ethnischer Säuberungen einen Militäreinsatz vor, um im Kosovo zu intervenieren – der erste Auslandseinsatz deutscher Soldaten seit dem Zweiten Weltkrieg. Das führte zu einer Zerreißprobe innerhalb der Grünen und ihrer pazifistischen Grundeinstellung. Der Gipfel: ein Farbattentat auf Joschka Fischer während eines Parteitags.

Diese Gewalt bei einer Friedenspartei war widersprüchlich und weltfremd für mich. Ich trat aus.

MIT DER RAMME IN DIE FREIHEIT

Mein Leben hatte sich zu diesem Zeitpunkt schon ziemlich verändert. Das Entscheidende in meinen Internatsjahren war: präzise Struktur, stabile Leitplanken. Die Leitplanken in Nürnberg dagegen hielten meinem Freiheitsdrang nicht mehr stand. Ich rammte sie, durchbrach sie. Ich wollte mich von Pater Oerder lösen. Ich wollte etwas erleben, Menschen kennenlernen, feiern!

Ich fiel in Nürnberg im Gegensatz zu Neunkirchen-Seelscheid als Schwarzer nicht auf, es gab viele amerikanische GIs und man hielt mich meist für einen Amerikaner. Als ich ankam, kannte ich keinen einzigen Menschen in der Stadt. Am Ende kannte mich halb Nürnberg.

Eines stellte ich schnell fest: Ich brauchte mehr Geld. In der Lehre verdiente ich 650 Mark im Monat, zu wenig, um eine Wohnung zu finanzieren und halbwegs davon leben zu können.

Ich suchte mir Nebenjobs. Der erste war damals im Hardrock Café. Dort lernte ich Raffa und Sandra kennen. Sie kellnerten, um sich Partys und Lebensunterhalt zu verdienen. Vollprofis, die mir schnell die Tricks und Kniffe beibrachten. Ich hatte keine Probleme, damit auf Menschen zuzugehen. Es lief!

Ich erzählte zu dieser Zeit wenig von mir. Dass ich in einem Internat der Salesianer groß geworden war und auch jetzt in einem Lehrlingsheim wohnte, fühlte sich so viel mehr nach Joseph als nach Joe an. Als ich Raffa und Sandra besser kannte, habe ich ihnen von meinem Leben mit Pater Oerder erzählt. Die beiden hatten gerade eine Wohnung mit drei Zimmern gemietet und suchten noch nach einem Mitbewohner. Es lief!

Ich mochte das WG-Leben. Ich musste Rücksicht auf andere nehmen, das war kein großer Unterschied zum Internat oder Lehrlingsheim. Aber ich hatte deutlich mehr Freiheiten und konnte mein eigenes Ding machen. Es lief!

Nach dem Kellnern gingen wir feiern. Die Gruppe wurde beim Weiterziehen immer größer. Mit 15 Leuten im Schlepptau landeten wir in unserer Wohnung, wo die Party weiterging – und ich musste morgens um sieben Uhr pünktlich stempeln. Während die anderen um mein Bett herum weiterfeierten, versuchte ich verzweifelt, wenigstens ein paar Stunden Schlaf zu bekommen. Manchmal war die Party noch im Gange, wenn ich abends von der Arbeit zurückkam.

FIRST LOVE

Zu dieser Zeit lernte ich im Mach 1 ein fränkisches Mädchen kennen, deren Eltern aus Serbien kamen. Sie arbeitete dort an der Bar. Und weil ich in meiner Internatszeit das serbische Lied »Djurdjevdan« auswendig gelernt hatte, kam ich auf die grandiose Idee, ihr das Lied im Club in der Nähe der DJ-Kanzel ins Ohr zu singen. Wir verliebten uns ineinander.

Ich hatte noch nie eine feste Beziehung geführt, wusste aber schon nach kurzer Zeit, dass ich mit ihr zusammenbleiben wollte, am liebsten für immer. Doch damit waren nicht alle einverstanden – vor allem nicht ihre Eltern.

Sechs Jahre waren wir zusammen, die letzten zwei Jahre, nachdem ich aus der WG ausgezogen war, lebten wir in einer gemeinsamen Wohnung – und ihre Eltern wussten nichts davon. Mir ist es bis heute ein Rätsel, wie sie das so lange geheim halten konnte.

Am Anfang hatte sie mich mal mit nach Hause genommen und stellte mich ihren Eltern vor. Sie sagte, ich sei »ein« Freund, sie sagte nicht: »mein« Freund. Und »ein« Freund durfte auch schwarz sein. Der Vater schenkte mir Sliwowitz ein, die Mutter hatte Kuchen gebacken. Da durfte natürlich auch »Djurdjevdan« nicht fehlen. Als das Lied endete, waren sie vollkommen aus dem Häuschen: Ein Schwarzer steht in ihrem Wohnzimmer, schmettert aus vollem Hals auf Serbisch: »Ich kann nicht mit der zusammen sein, die ich liebe.«

Dieselben Eltern zeigten sich jedoch von einer ganz anderen Seite, als klar wurde, dass der begabte Romantiker nicht nur einfach »ein« Freund war, sondern »der« Freund und potenzielle Ehemann ihrer Tochter. Mit dem sie bereits seit zwei Jahren zusammenlebte. Ihre Familie begann, sie unter Druck zu setzen. Wir beide haben sehr unter der Situation gelitten. Letztlich ging die Beziehung an diesem Druck zu Bruch.

ZU SCHWARZ

Ich habe als Kind und auch als Jugendlicher Rassismus erfahren. Diesmal ging es tiefer. Diese Erfahrung hat mich auch deshalb so verletzt, weil sie allein auf meine Hautfarbe zurückzuführen war. Ich habe viele Jahre gebraucht, um mit mir selbst ins Reine zu kommen und ihrer Familie zu verzeihen.

Rassismus muss man nicht tolerieren. Gegen Rassismus sollte man sich wehren. Beleidigt mich zum Beispiel jemand aufgrund meiner Hautfarbe, sehe ich keine Notwendigkeit, freundlich zu bleiben oder ihm eine Erklärung zu liefern, wie schmerzhaft das für mich ist. Ich halte nicht die linke Wange hin.

Ich habe oft die Erfahrung gemacht, dass bei dieser Form von Rassismus andere Menschen schnell und heftig zu meiner Verteidigung kamen. Offener Rassismus wird in Deutschland von der Mehrheitsgesellschaft selten akzeptiert.

Es gibt aber eine andere Form von Rassismus, und in der spaltet sich die Gesellschaft. Sätze wie »Du hast dich aber toll verkleidet« im Karneval oder »Wo kommst du eigentlich wirklich her?« im Alltag treffen und verletzen. Oft sind sie vom Absender nicht böse gemeint.

Und genau hier müssen wir uns zuallererst in Entfeindungsliebe üben. Jeder Betroffene hat eine andere Schmerzgrenze. Was den einen stört, kann für den anderen noch problemlos innerhalb der persönlichen Belastbarkeit stehen. Ich kann an dieser Stelle wütend reagieren und dem Gegenüber »educate yourself« entgegenschleudern. Damit würde ich aber in erster Linie jemanden vor den Kopf stoßen, dem gar nicht bewusst ist, dass in der Kommunikation gerade etwas verrutscht ist.

Druck erzeugt Gegendruck – das ist eine Mechanik. Und genau deshalb versuche ich in Situationen, in denen ich diese Form von Rassismus erlebe, Brücken zu bauen. Indem ich erkläre, dass mich das verletzt, und bitte, diese Art Witze nicht zu machen und bestimmte Worte nicht zu verwenden. Ich habe darauf selten etwas anderes als tiefe Betroffenheit erlebt.

Im Ziel sind wir uns alle einig. Rassismus, egal ob absichtlich oder unabsichtlich, sollte es nicht geben. Rassismus grenzt aus und verletzt. Über den Weg dorthin sind wir uns allerdings uneins. Das war schon bei Malcolm X und Martin Luther King so – bewaffneter Widerstand gegen Entfeindungsliebe. Ich ziehe immer den Weg des Brückenbauens der Eröffnung von Fronten vor. Die Sensibilisierung für unbewusste Rassismen meines Gegenübers ist ja in erster Linie in meinem Interesse.

Schon in den 1980ern gab es Unterstützer, die Spaltung verhindern und Brücken in die Gesellschaft hinein bauen wollten. Ein prominentes Beispiel ist Rudi Carell.

SUSI SCHICKT MICH INS ALLGÄU

»Herzblatt« war eine Erfindung des legendären Showmasters Rudi Carell, der die Sendung auch anfangs moderierte. Es war eine Kuppelshow, als Blind Date inszeniert. Die Kandidatin trennte eine bewegliche Wand von drei Kandidaten. Durch deren Antworten auf ihre Fragen konnte sie sich ein Bild von den potenziellen Partnern machen. Die Kandidaten wurden nicht nach dem Äußeren beurteilt, sondern nur nach dem, was sie sagten, also wie originell, geistreich, charmant oder witzig sie waren.

Nachdem ein paar Fragerunden über die Bühne gingen, kam aus dem Off die betörende Stimme von »Susi«, die fragte: »Wer soll denn nun dein Herzblatt sein? Nummer eins, der dir die Sterne vom Himmel holen will? Oder Nummer zwei, der dich mit auf eine einsame Insel nimmt? Oder Nummer drei, der mit dir Pferde stehlen will?«

Nachdem sich die Kandidatin für einen der Kandidaten entschieden hatte, warteten die beiden jeweils hinter der Wand auf die große Überraschung. Dann schob sich die Wand zur Seite – und alle blickten auf die jeweilige Reaktion. Auf Enttäuschung, Überraschung oder Freude im Gesicht der Kandidaten – damals war Fernsehen noch eine Spur authentischer.

In den Wochen zuvor wurden die Kandidatinnen und Kandidaten gecastet, auch in Nürnberg. An der Lorenzkirche war eine Box aufgebaut. Ich war mit meiner damaligen Freundin unterwegs und ging mehr aus Spaß hin, sprach ein paar Sätze in eine Kamera, sagte, wer ich bin und wo ich wohne. Ein paar Wochen später kam der Anruf der Produktionsfirma, ich sei einer der drei männlichen »Herzblatt«-Kandidaten.

»ICH LESE HESSE UND CAMUS«

Die Show begann. Der erste Kandidat war aus Hannover, sein Vater kam aus Ghana, die Mutter aus Niedersachsen. »Sie haben nur eine Nacht miteinander verbracht«, sagte er und alle lachten.

Mein erster Satz war: »Ich heiße Joseph Chialo und ich komme aus Nürnberg.« Wieder lachten alle. Ich saß da, mit meiner blauen Latzhose und einem Bandana auf dem Kopf, und erzählte von den Salesianern und dass ich bei ihnen eine katholische Erziehung erfahren hatte. Ich sagte, dass ich Hesse und Camus lese, womit man heute in einer Unterhaltungsshow sicher nicht mehr punkten könnte. Die Kandidatin entschied sich am Ende für mich. Die Wand schob sich zur Seite – und wir grinsten uns an.

Unser Preis: eine eintägige Reise mit dem »Herzblatt«-Hubschrauber ins Allgäu. Bevor wir einstiegen, sagte die Gewinnerin zu mir: »Ich muss dir was sagen, ich habe einen Freund.« »Das macht nichts«, sagte ich, »ich habe eine Freundin.«

Die Wahrscheinlichkeit, dass der Ausflug mit dem »Herzblatt«-Hubschrauber uns beiden die große Liebe beschert, war also eher gering. Doch wir gaben alles. Der in der nächsten Sendung gezeigte

Film dokumentierte unsere gemeinsamen Stunden, zeigte uns im Hubschrauber, fröhlich lachend beim Eisstockschießen, sich herzend vor einem Alpenpanorama und schließlich beim Kasnockerln-Essen. Wir lachten, aßen Teigwaren und lieferten großartige Bilder für die Kamera – der Produzent war glücklich. Heute erfasst mich heftiges Fremdschämen, wenn ich die Bilder sehe.

Wir hatten vor der Show die Möglichkeit, uns mit Rudi Carell zu unterhalten, der Wert darauf legte, dass sich alle wohlfühlten. Er erzählte damals von eigenen Rassismuserfahrungen und wie wichtig es ihm gewesen sei, mit dieser Sendung ein Zeichen zu setzen, auch als Reaktion auf die zunehmende Fremdenfeindlichkeit in Deutschland.

Ein anderer Talkmaster, der das Thema Rassismus in den 1980ern thematisierte, war Alfred Biolek. »Wer hat Angst vorm weißen Mann«, hieß im Dezember 1992 die Ausgabe seiner Talkshow »Boulevard Bio«, zu der neben Roberto Blanco, Moderator Ron Williams und Frauenärztin Gabriele Willbold auch ein bayrischer Taxifahrer aus dem Senegal und ich eingeladen wurden. Es gab die Anschläge in Rostock, in Mölln, vor allem auch den Brandanschlag in Solingen, als vier Rechtsextremisten eine fünfköpfige türkische Familie töteten. Im September 1991 jagte im sächsischen Hoyerswerda ein rechtsextremer Mob Menschen aus Vietnam und Mosambik durch die Straßen. Es waren bis zu 500 Menschen, die über Tage hinweg Steine, Stahlkugeln und Molotowcocktails auf die Häuser der Migranten warfen. Hoyerswerda sollte »ausländerfrei« werden – und das alles nach der Wiedervereinigung.

GEBOREN IN »DOKARRR«

Biolek, damals einer der wichtigsten Talkmaster im deutschen Fernsehen, wollte wissen, wie sich Schwarze mit diesem Deutschland arrangieren. Roberto Blanco erzählte, wie er als Kind im Streit mit Gleichaltrigen immer als »Du Neger!« beschimpft wurde – und er daraufhin immer »Du Weißer!« sagte. Die Schuld für Rassismus gab Blanco den Politikern, sie hätten zu wenig getan. Als Biolek mich später fragte, als was ich mich fühle, antwortete ich: »Als Tansanier, der unwahrscheinlich viel von der deutschen Kultur mitbekommen hat.« Neben mir saß ein gebürtiger Senegalese, der im breitesten Dialekt sprach: »Geboan bin i in Dokarrrr!«

Wenn ich das Video heute, 30 Jahre später, anschaue, fällt auf, dass wir in vielen Fragen, was das Zusammenleben betrifft, nicht wirklich weiter sind, aber dass wir mehr Selbstverständlichkeit an den Tag legen, was Hautfarbe und Herkunft betrifft. Auch wenn die Herausforderungen zur Überwindung von Ungleichheiten nicht weniger geworden sind, so exotisch und herabwürdigend wie damals werden Schwarze heute meist nicht mehr behandelt. Bei Biolek sagte ich auch den Satz: »Ich will als Joseph angesehen werden, nicht als Schwarzer.« Das gilt heute noch.

Meine Erfahrung ist, dass ich immer wieder an Menschen geraten bin, die es gut meinen und einem zur Seite stehen. Das hat mir seit jeher imponiert. Die Grölenden, die Lauten, sollte man meiden. Aber es gibt in diesem Land viele Menschen, die leise, die herzlich sind und andere stützen und unterstützen. Leider sind sie so leise, dass sie im Geschrei der wenigen Lauten untergehen, vor allem auf Social Media. Aber sie sind da und sie sind in der Mehrheit.

»WIR MÜSSEN WIEDER RICHTIG ARBEITEN«

Sehr geehrte Damen und Herren,
liebe Freunde,

mein Eintritt ins Berufsleben
war ein harter Schnitt.

Statt nach dem Abitur ein Studium zu beginnen,
statt mich einzureihen in die Riege der Studenten,
musste ich in die Werkshalle.

Mein Ziehvater, Pater Karl Oerder aus Bonn,
war der Meinung,
ich müsse »richtig arbeiten« lernen.

Und da stand ich nun in Nürnberg,
in einer Werkshalle,
und begann eine Lehre als Zerspanungsmechaniker.

Das Wort »Widerwille« umschreibt nur annähernd
meine Haltung gegenüber diesem Schritt.
Doch das sollte sich ändern.

Heute weiß ich, das war richtig.
Das war die wegweisende Entscheidung
in meinem Leben.

Und ich profitiere bis heute von diesen Erfahrungen
im Handwerk.

Ja, ich habe das Arbeiten gelernt.
Ja, ich habe gelernt, anzupacken.
Ja, ich habe gelernt, auch eine unangenehme
Sache auszuhalten.

Sechs Wochen einen U-Stahl feilen,
hat in der Tat wenig Glamour –
aber es schult das Durchhaltevermögen und
die Disziplin.

Auch sind mir bis heute Eigenschaften wie
etwas »auf später vertagen«
oder eine »Sache aussitzen« eher fremd.
Wenn eine Aufgabe anliegt, will ich sie erledigen.

In einer Werkshalle bei laufender Produktion
kann man eine Sache nicht immer ausdiskutieren.
Da muss gehandelt und gearbeitet werden.
Und genau das war die beste Lehre für mich.

Hinzu kam,
dass ich als Azubi-Sprecher und
Mitglied der IG Metall gelernt habe,
mich für Arbeitnehmerrechte, für mehr Gerechtigkeit
einzusetzen und für eine Sache zu kämpfen –
und zwar für eine Sache,
von der ich auch wusste, wie sie sich anfühlt:
Arbeiten.

In dieser Zeit habe ich das Handwerk
schätzen gelernt und
ich habe vor allem jene Menschen
schätzen gelernt,
die Handwerksberufe ausüben.

Nicht nur, dass sie etwas können,
was in unserer Gesellschaft dringend benötigt wird –
wer weiß schon, wie eine Heizung zu installieren oder
ein wirklich gutes Brot zu backen ist –,
nein, das Handwerk bildet auch
die Grundlage für Unternehmertum.

Es sind die vielen kleinen Handwerks- und
Dienstleistungsbetriebe,
es sind die vielen mittelständischen Unternehmen,
die oftmals aus kleinen Betrieben
hervorgegangen sind,
die nicht nur Arbeitsplätze schaffen,
sondern auch das Rückgrat unserer Gesellschaft bilden,
die unser Land ausmachen –
die das Fundament unseres Wohlstands bilden.

Und es zerreißt mir das Herz,
wenn ich Handwerker treffe,
die ihren Betrieb endgültig schließen müssen,
weil sie keinen Nachfolger mehr finden.

Es zerreißt mir das Herz,
wenn ich von Betrieben höre,
die teilweise seit Jahren auf neue Azubis warten
und deren Mitarbeiter
Überstunden um Überstunden leisten,
um für ihre Kunden da zu sein.

Dabei mangelt es in den seltensten Fällen an Arbeit.
Ganz im Gegenteil,
es gibt Branchen wie die Sanitär- und Heizungsbranche,
in denen auf Jahre hin –
auch wegen der Energiewende – die Auftragslage absolut
gesichert ist.

Doch es fehlen Zehntausende von Fachkräften.

Auch andere Branchen beklagen
einen massiven Nachwuchsmangel.
Und sie beklagen
einen zunehmenden Ansehensverlust ihrer Arbeit
bei einer gleichzeitigen, zumindest fragwürdigen,
Akademisierung der Gesellschaft.

Woran liegt das?
Warum hat das Handwerk keine Lobby?
Warum hat Arbeit keine Lobby?
Und warum sind wir dabei,
endgültig den Blick auf die Menschen zu verlieren,
die das Land am Laufen halten?

Als ich 2021 in Spandau Wahlkampf gemacht habe,
als ich mit den Menschen auf der Straße diskutiert habe,
als wir Kandidaten bei Veranstaltungen debattierten,
ging es im Grunde immer um eine Sache:
um die Angst vor Veränderung,
sowohl bei Bürgerinnen und Bürgern
als auch bei kleinen Unternehmern,
Handwerkern, Händlern.

Sie alle eint die Furcht,
dass etwas nicht mehr so sein wird,
wie es gerade ist.
Doch es ist nicht nur Furcht,
sondern auch Resignation.
Sie fühlen sich von der Politik im Stich gelassen.
Sie fühlen sich weder beachtet noch wertgeschätzt.

Es kann daran liegen,
dass in unseren Parlamenten
Berufsgruppen wie Rechtsanwalt
oder Beamter dominieren,
dagegen sind aus dem gesamten Bereich
Handwerk, Handel, Gewerbe und Industrie
relativ wenig Abgeordnete vertreten.
Und auch Unternehmer sind eher selten.

Diese Unwucht in den Parlamenten
darf aber nicht zu
einer Unwucht in der Bevölkerung führen. !

Es liegt auch an uns Politikern,
dass wir diese Menschen
nicht aus den Augen verlieren.

Jene Menschen, die ihr Brot hart
an der Maschine verdienen,
die als Friseur arbeiten,
als kaufmännische Angestellte,
als Maurer,
als Hörgeräteakustiker,
Busfahrer, Optiker – und natürlich
auch jene in den Pflegeberufen.

Sie wollen gehört werden.

Sie wollen, dass wir junge Menschen
für diese Art der Arbeit begeistern.
Sie wollen, dass wir ihre guten Berufe
wieder attraktiv machen,
dass wir unserem Ruf als ehrlich und diszipliniert
arbeitende Gesellschaft wieder gerecht werden.

Da müssen sich auch Parteien
wie die CDU weiterentwickeln.
Konservative Politik darf sich nicht
darauf beschränken, nur das Gestern weiterzutragen,
mag das Gestern noch so erfolgreich und
gewinnbringend gewesen sein.

Konservative Politik heißt,
Chancen zu erkennen, die in diesem Land liegen.

Es ist dringend geboten,
dass sich auch die sogenannten Volksparteien
besser in der Gesellschaft verankern,
um die Lebensrealität der hart arbeitenden Menschen
wirklich zu verstehen.

Denn das ist in unser aller Interesse.

In unserem Interesse muss es auch sein,
unangenehme Ideen
wie ein soziales Pflichtjahr einzubringen.

Ein Pflichtjahr nach der Schule
würde jungen Menschen die Möglichkeit geben,
Berufe kennenzulernen.
Es würde Orientierung geben,
den einen oder anderen von einem
eventuell nicht notwendigen
Studium abhalten –
und vor allem den Respekt vor der Arbeit erhöhen.

Deshalb müssen wir auch solche Ideen diskutieren!
Auch, um mögliche gesetzliche Hürden
und gesellschaftliche Bedenken
in die Diskussion einfließen zu lassen.

Generell muss Arbeit,
muss Handwerk wieder
einen höheren Stellenwert bekommen –
weil es das Fundament unserer Gesellschaft ist.

!

Die Arbeiter, die ich kennengelernt habe,
haben sich in der Regel
als zuverlässig und offen erwiesen.
Und wenn diese Menschen
etwas als gut und richtig erkannt haben,
sind sie auch bereit,
mit uns den Weg gemeinsam zu gehen.

Dazu müssen wir als Politiker aber wissen, was sie bewegt.

Dazu müssen wir den Dialog suchen,
noch viel stärker und viel offener als bisher.

Und dazu müssen wir vor allem
eine gemeinsame Sprache sprechen.
Denn Aufgabe einer guten Politik ist es,
Gemeinsamkeiten herauszustellen –
und sich nicht von jenen zu entfernen,
die diesen Staat tragen.

Es liegt an uns, den Wert der Arbeit
wieder mehr zu schätzen.

– SECHS –

Der Türsteher wechselt die Branche

EIN JOB MIT MACHT.

WIR SPIELTEN VON OSLO BIS NEAPEL.

ENDE DER FAHNENSTANGE.

1993. Nach meiner Ausbildung zum Zerspanungsmechaniker studierte ich Politik, Geschichte und wirtschaftliche Staatswissenschaften und fand gleichzeitig einen neuen Nebenjob. Ich wurde Türsteher in einer Diskothek, dem Mach 1, in dem wir früher oft nach der Schicht im Hardrock Café gefeiert hatten.

Das Mach 1 war damals einer der besten Clubs Deutschlands. Es hatte einen wahnsinnig guten Ruf, war stylish und wurde in internationalen Designmagazinen abgebildet. Die Architektur war stilgebend für andere Diskotheken. Leute aus ganz Deutschland, ganz Europa kamen, um im Mach 1 zu feiern. Dort legten DJs auf wie Boris Dlugosch (»Sing It Back«), Roger Sanchez aus New York (»Another Chance«) oder die Stilikone Boy George aus London.

Neben der Künstlerbetreuung war ich im Mach 1 für Face Controlling an der Tür zuständig. Ich sollte entscheiden, wer reindarf, wer draußen bleibt, wer passt, wer Stress machen könnte, wer falsch, wer richtig gekleidet ist. Die Arbeit »an der Tür« hat meinen Blick auf Menschen geschult, auch gerade auf jene, die es nicht gut meinen.

Türsteher ist ein Job mit Macht, mit überschaubarer Macht, aber mit Macht. Und wer sich tagelang auf einen Besuch in einem Club freut, sich in Schale wirft und dann abgewiesen wird, empfindet tiefe Machtlosigkeit, die vor allem in jungen Jahren heftig trifft. Menschen von der Teilhabe auszuschließen, war der Teil der Arbeit, den ich immer ungerne gemacht habe. Aber das ist nun mal der Job eines Türstehers.

SÄNGER EINER ROCKBAND

Eines Abends, als wir nach der Schicht im Hardrock Café noch durch die Clubs zogen, wurde ich von einem Bekannten angesprochen, ob ich mir vorstellen könnte, Sänger einer Nürnberger Band zu werden. Blue Manner Haze war bereits etabliert, sie hatten eine feste Fanbase und suchten nach dem Weggang ihres Sängers nach Ersatz.

Ich konnte. Ich wollte. Ich war begeistert.

Die Band hatte sich 1989 gegründet, sie machten Crossover-Rock, orientierten sich an Faith No More, Rage Against The Machine und auch ein bisschen an den Red Hot Chili Peppers. Da war es plötzlich, das Rockstar-Leben. Ich sang, war das Gesicht der Band. Tagsüber war ich in der Uni, abends trafen wir uns an meinen freien Abenden im Studio und arbeiteten an unserer Musik.

Die Band war eine verschworene Gemeinschaft und ich lernte viel über Songwriting, Live-Gigs, Verhandlungen mit Plattenfirmen und das Tourleben. Als unsere Platte erschien, schrieben die Kritiker, dass Blue Manner Haze »die Tanzfläche alternativer Schuppen, aber auch das Radio bedienen, ohne sich den kommerziellen Ausverkauf in die Songs zu schreiben«.

»EINSCHMEICHELNDER SOUL«

Und zu meiner Performance hieß es: »Joe Chialos Stimme variiert zwischen einschmeichelndem Soul, harten Raps und Hardcore-Geschrei, oft innerhalb der Songs.« Die kritischen Statements lasse ich an dieser Stelle unter den Tisch fallen.

Wir hatten viele kleinere Tourneen durch ganz Deutschland. Was aber am meisten in Erinnerung geblieben ist, ist die Tour mit den Bad Brains, einer legendären New Yorker Punkband, quer durch Europa. Wir spielten von Oslo bis Neapel, von Paris bis Warschau und wir wurden vor allem live immer besser.

Wir machten Platten, wir drehten Videos, es war alles hochprofessionell. Vor allem die Videos zu den Songs »By Any Means« und »One By One« schaue ich mir heute noch gerne an. Kein Fremdschämen, richtig geil!

Und: Die Videos wurden auf MTV gezeigt. Für eine Band das Wichtigste, auf diesem Musikkanal zu laufen. MTV-Moderator Markus Kavka, ein absoluter Musikkenner, unterstützte uns und sorgte dafür, dass das Video regelmäßig im Fernsehen zu sehen war.

Unsere Musik passte in die Zeit, wir waren nahe dran an den amerikanischen Vorbildern. Pater Oerder hat mit den Augen gerollt und die Hände über dem Kopf zusammengeschlagen. Aber nach Festivals wie Rock am Ring und Bizarre oder Auftritten mit Größen wie New Order, der Nachfolgeband von Joy Division, und Slash von Guns N' Roses wähnte ich uns am Ziel. Zu großen Stars fehlten uns nur noch wenige Meter. Doch die waren uns nicht vergönnt – der große Durchbruch blieb aus. Wir tüftelten zwar weiter an Musikstücken, probierten neue Sounds, doch die Musik, die etwas düster und eckig klang, war bald nicht mehr gefragt.

Es bahnte sich ein langsames Ende der Band an, das ich mit meinem Weggang beschleunigte. Ich wollte nicht in den nächsten 20 Jahren Teil einer Band sein, die auf den großen Durchbruch hofft. Ich machte einen harten Schnitt. Mitte der 1990er löste sich Blue Manner Haze auf.

WAS SOLL AUS MIR WERDEN?

Mein Studium entsprach auch nach fünf Semestern nicht dem, was ich mir erhofft hatte. Ich hatte keine konkrete Vorstellung, was ich damit anfangen würde, und der Markt war seinerzeit mit Absolventen geradezu überschwemmt. Ich entschloss mich, das Studium abzubrechen.

Ich fiel in ein tiefes Loch und hatte keine rechte Vorstellung davon, was ich mit meinem Leben anfangen sollte. Die Stimme von Pater Oerder hatte ich nun wieder häufiger im Ohr: »Was soll nur aus dir werden?«

Zu dieser Zeit war ich öfter bei Fotoshootings, um etwas dazuzuverdienen. In dieser Szene lernte ich einen Bekannten besser kennen, den ich vorher nur oberflächlich aus dem Mach 1 kannte.

Er war damals in vielen Bereichen in Nürnberg geschäftlich involviert und immer auf der Suche nach neuen Talenten. Immer klar strukturiert, mit klarem Geschäftssinn und eiserner Disziplin. Er erinnerte mich in vielem an Pater Oerder. Auch er war ein Chancengeber. Wir freundeten uns an und bauten über die Jahre in Nürnberg eine tiefe Freundschaft auf, wenn auch anfangs nicht immer auf Augenhöhe. Er wurde zu einem meiner engsten Freunde. Mit ihm sollte ich das zweite Vierstundengespräch meines Lebens führen.

Erst mal gab er mir aber die Chance, in einem seiner Cafés, dem Cosmo, als Geschäftsführer zu arbeiten, um mich dort auszuprobieren und wieder auf die Beine zu kommen.

EINE NEUE CHANCE

Ich wurde Gastronom. Das Cosmo war beliebt, es gab gutes Essen, viel zu trinken und ab und zu auch Events. Einmal veranstaltete ich eine Modenschau. Wir hatten einen Laufsteg vor der Tür aufgebaut. Sehr viele Leute kamen. Früher hat sich das auch noch ohne Insta und WhatsApp schnell herumgesprochen. Die Schau war ein voller Erfolg. Weitere Events folgten, die ähnlich erfolgreich waren. Auch sonst lief das Geschäft sehr gut und ich kam ein wenig zur Ruhe. Und trotzdem hatte ich nach drei Jahren genug.

Ich musste raus aus Nürnberg.

Ich war am Ende der Fahnenstange angekommen.

Mein 30. Geburtstag war nicht mehr weit. Mein Studium war passé.

Ich hatte jedes Fest gefeiert, jede Party besucht. Ich hatte aus der Stadt alles herausgeholt, mehr war nicht drin, jedenfalls nicht für mich.

Irgendwas musste passieren.

In dieser Situation hatte ich das besagte zweite Vierstundengespräch. Bei allem Verständnis für meine Entscheidung, die Geschäftsführung des Cafés abzugeben, gab es dort deutlich weniger Verständnis für meine Entscheidung, Nürnberg den Rücken zu kehren. Wir diskutierten meine Optionen lange und diesmal blieb ich bei meiner Meinung. Ich wollte einen Neuanfang und ich wollte unbedingt in die Musikindustrie.

Kurze Zeit später kam Besuch aus Köln. Aus der Musikindustrie. Ich war damals noch tief drin in der Nürnberger Musikszene, hatte selbst Musik gemacht, hatte gefeiert mit Westbam, Marusha und

Sven Väth. Die Techno-Größen waren damals alle in Nürnberg. Marusha war in »Nemberch« geboren, von daher gab es auch eine emotionale Verbindung.

Für mich war Techno der Aufbruch in eine neue Zeit, es hatte etwas Revolutionäres. Wie alles Revolutionäre wollte es aufräumen mit dem, was vorher war. Jeder Beat bombte weg, was bis dahin als Musik galt. Jedenfalls kam ich nicht nur mit Musik in Berührung, sondern, weil ich viele Veranstaltungen mitorganisierte, auch mit Musikern und mit Musikmanagern.

WEG AUS NÜRNBERG – DAS ANGEBOT

Eines Tages also kam ein Manager von Jive Records aus Köln auf mich zu. Jive, eine der großen Musikfirmen mit Hauptsitz in New York, vertrat damalige Topstars wie 2Pac, Britney Spears und die Backstreet Boys. Und hatte außerdem einen neuen Standort in Köln eröffnet.

Wir unterhielten uns lange an diesem Abend, sprachen über die Branche und über meine Entscheidung, beruflich neu anzufangen. Am Ende des Abends fragte er mich: »Willst du fürs Erste ein Praktikum bei Jive in Köln machen? Vielleicht wäre Radiopromotion was für dich!« Und ja, genau das wollte ich.

Ich hatte zwar wenig Ahnung, wie das ging und was man da machen muss, aber das Angebot konnte ich nicht ausschlagen. Denn die Gründe, die dafürsprachen, waren eindeutig: weg aus Nürnberg, weg vom Cosmo, weg aus einer Stadt, in der es für mich einfach nicht mehr weiterging. Und rein in die Musikindustrie. Ich hatte genau vier Tage Zeit, meinen Umzug zu organisieren.

– SIEBEN –

I believe I can fly

DER PRAKTIKANT.

EINE GEWONNENE WETTE.

GUTBÜRGERLICH IM DEIDESHEIMER HOF.

Der erste Tag im Musikbusiness dauerte nur wenige Minuten.

Mein Job bei Jive sollte am nächsten Montag in Köln beginnen. Um zehn Uhr morgens, so war es vereinbart. Konsequenterweise war ich am Tag zuvor ordentlich feiern, bei einem Rave in Düsseldorf. Irgendwann dachte ich, morgen beginnt der Job, da müsste ich mal nach Hause gehen. Doch ein Freund meinte: »Hey, Joe, warum? Das hier ist doch das Musikbusiness – und wie krass es hier abgeht! Du kannst doch jetzt nicht weg!«

Er breitete die Arme aus: »Fühlst du es? Geil, oder? Das ist Arbeit. Und jetzt hör einfach genau hin, was hier gespielt wird, vielleicht entdeckst du einen Hit! Das wäre doch mal ein Megastart ins Business!«

Das klang einleuchtend. Oder ich war in einem Zustand, in dem ich das alles sehr einleuchtend fand.

An sich war es nicht sehr einleuchtend.

»WO KOMMST DU EIGENTLICH HER?«

Aber ich zappelte weiter durch den Rave und inhalierte das Musikbusiness sozusagen direkt aus den Boxen. Das wilde, romantische Musikbusiness, in dem man zwischen zwei Partys mal eben einen Act entdeckt und ihn dann groß rausbringt, mit Stretchlimo und Champagner.

Als ich am nächsten Tag, deutlich angeschlagen, um 14 Uhr bei Jive eintraf, fragte mich mein neuer Chef etwas genervt: »Wo kommst du jetzt eigentlich her?« Ich berichtete überschwänglich vom Rave, auf dem ich gewesen war, und dass ich da zwei, drei Tracks gehört hätte, die richtig brutal seien, und da könne man sicher etwas daraus machen, ich hätte schon einen Plan. Mein neuer Chef stand sprachlos vor mir.

Er schickte mich wieder nach Hause. Ich sollte meinen Rausch ausschlafen. Das Musikbusiness schien doch nüchterner zu sein, als ich gedacht hatte.

»DAMIT HOLEN WIR GOLD«

Nüchtern stellte ich dann auch fest: Ich konnte quasi nichts. Mitte der 1990er, in den Pionierjahren der digitalen Welt, war ich noch weit hinterm Mond. Zwar hatte ich mich auf zig Raves geschult, war selbst Sänger gewesen, war aus meiner Sicht geradezu prädestiniert für das Musikgeschäft – doch mir fehlten die Grundfertigkeiten.

Ich konnte keinen PC bedienen. Ich wusste nicht einmal, wie ein Drucker funktioniert. Vor allem konnte ich keine Mail verschicken. Immerhin war ich sportlich und konnte Pakete tragen.

Das wurde in den drei Monaten meines Praktikums mein Hauptjob. Abends wurde ich mit Briefen und Paketen zur Post geschickt, das klappte eins a.

Manchmal saß ich in Meetings und verstand kaum ein Wort. Am Ende des Meetings sagte der Geschäftsführer dann begeistert: »Damit holen wir Gold, vielleicht sogar Platin.« Ich war komplett überfordert. Damals.

Dass ich 1998 nach Köln umzog, hatte noch einen weiteren Grund. Mein Bruder Jerome lebte noch immer in der Nähe und hatte zwischenzeitlich geheiratet und sein erstes Kind bekommen. Ich freute mich darauf, wieder mehr Zeit mit ihm zu verbringen.

Fürs Erste kam ich in einer WG unter. Das zweite Zimmer dort stand für drei Wochen leer, weil die Bewohnerin im Ausland war. Ich war froh, dass ich nach meinem überstürzten Wegzug aus Nürnberg überhaupt ein Zimmer hatte, wenn auch nur übergangsweise. Mein Mitbewohner war ein Bhagwan-Jünger. Jeden Morgen um 5.30 Uhr erklangen die ätherischen Gesänge, die er beim Morgenyoga auflegte. Häufig stand er dann auf, wenn ich von Partys nach Hause kam. Die drei Wochen gingen schneller vorbei, als mir lieb war. Ich suchte mit Hochdruck nach einer Bleibe. Aufgrund der Finanzlage während des Praktikums gestaltete sich das allerdings schwieriger als erwartet.

In meiner Zeit als Praktikant bei Jive lernte ich den A&R, also den Talentscout, kennen, mit dem mich auf Anhieb viel verband. Er bot mir an, nach den drei Wochen erst mal bei ihm unterzukommen, damit ich nicht sprichwörtlich auf der Straße landete. Sechs Wochen wurden daraus, und ich habe in der Zeit nicht nur einen Freund fürs Leben gewonnen, sondern auch unglaublich viel über den Job als A&R gelernt.

Mein Einsatz beim Paketewegbringen hatte sich nach drei Monaten ausgezahlt und ich bekam tatsächlich das Angebot, als Radio-Promoter das Gebiet im Westen Deutschlands zu übernehmen. Der Westen galt als Problemgebiet, die großen Radiosender spielten unsere Songs nicht in der gleichen Rotation, wie es die Sender in der restlichen Republik taten. Ich schaffte dort, woran meine Vorgänger gescheitert waren: Ich brachte den Westen auf Spur.

IM TWINGO VON TÜR ZU TÜR

Damals war die Verbreitung von Musik noch ein physischer, kein digitaler Akt. Das bedeutete, ich fuhr mit einem Karton neuer CDs quer durch Deutschland.

Als Dienstwagen stellte man mir einen Renault Twingo zur Verfügung. Ich war verantwortlich für den Bereich Südwestdeutschland und pries dort neue Künstler, neue Bands, neue Trends aus dem Hause Jive Records an. Ich reiste von Radiostation zu Radiostation, von Musikredaktion zu Musikredaktion.

Das war kein künstlerischer Akt, das war harte, ganz harte Promotionarbeit, die ganz locker rüberkommen musste. Die Radiostationen sollten den Eindruck bekommen, der Promoter sei deshalb so gut drauf, weil er die ganze Zeit die gute Musik von Jive hört. Überhaupt war es wichtig, gute Laune zu verbreiten. Ich kann gut auf Menschen zugehen und mir fällt es leicht, zu connecten – eine Fähigkeit, die ich in meiner Zeit als Kellner im Hardrock Café perfektioniert hatte. Das war schon mal die halbe Miete.

Am wichtigsten war in meiner Arbeit aber, mit Plays nach Hause zu kommen. Das heißt, dass die Songs bei den großen Sendern wie 1Live, Radio NRW oder auch HR3 zur Tageszeit in hoher Rotation platziert werden konnten. Daran wurde mein Erfolg gemessen und ich war gut in dem, was ich tat. Deshalb blieb ich zunächst in Köln, fuhr weiter zu den Sendern mit meiner Schachtel voller CDs und pries meine Künstler in höchsten Tönen an.

Darunter auch eine junge Sängerin namens Britney Spears. Die deutschen Radiostationen wollten »Baby one more time« nicht spielen. Sie sperrten sich geradezu dagegen.

In den USA war der Song hingegen bereits ein Riesenhit – und vor allem das Video brach alle Rekorde. Spears erschien als eine Mischung aus Unschuld und Offensive, die es in Deutschland zur damaligen Zeit noch nicht gab oder die noch nicht verstanden wurde. Dabei deutete der Trend genau in Richtung dieses neuen Frauentyps.

Auf meinen Promotouren versuchte ich, die Musikchefs und Redakteure vom großen Talent dieser Künstlerin zu überzeugen.

Ich wusste, dass der Song gut ist. Immer mehr Kids sahen das Video, immer mehr wollten diesen Sound. Und irgendwann gaben die Radiostationen nach. So lief das bei vielen Künstlern.

Mir machte das unwahrscheinlich viel Spaß. Ich wollte genau das: kommunizieren, überzeugen und mit Worten ans Ziel kommen. Für meine Künstler.

DIE WETTE

Eines Tages bekam ich einen Anruf vom Universal-CEO, der um ein Gespräch mit mir bat. Wir verabredeten uns und saßen kurz darauf in einem Kölner Asia-Imbiss zusammen. Es war gerade Popkomm, lange Zeit einer der wichtigsten Musikmessen der Welt, heute nur noch eine schöne Erinnerung. Wir aßen unsere vietnamesischen Reisnudeln mit Hackbällchen und sprachen über Musik. Ich hatte in meiner Radiopromo-CD-Schachtel gerade N'Sync, eine erfolgreiche Boyband aus den USA. Wichtigster Sänger war der spätere Weltstar Justin Timberlake.

Der CEO behauptete, N'Sync würden niemals in Deutschland eine Goldene Schallplatte gewinnen. Die Zeit der Boybands sei vorbei, die Band qualitativ nicht besonders gut. Ich war anderer Meinung. Ich war mir sicher, dass sie Gold holen würden. Absolut sicher. Also wetteten wir. Es galt, den Wetteinsatz zu klären.

Es sollte etwas sein, das uns beide schmerzt. Und: es musste schon einen entwürdigenden Charakter haben.

Mein Wetteinsatz war: Ich werde drei Tage als Butler für den CEO arbeiten. Ich würde entsprechend gekleidet an seiner Türe stehen, würde ihm stets zu Diensten sein, würde ihm alles holen, was er braucht: Kaffee, Tee oder was auch immer. Von außen betrachtet wäre der Wetteinsatz wenig positiv aufgenommen worden: Ein Radiopromoter der Konkurrenzfirma Jive knechtet drei Tage für den Universal-Chef, und das als Schwarzer. Ziemlich heikel, auch damals schon.

Sein Wetteinsatz war nicht weniger pikant. Er sagte, wenn er verliere, würde er drei Tage mit mir auf Promotour gehen. Drei Tage Radiostationen abklappern mit einer Kiste CDs und ausschließlich die Künstler von Jive mit wärmsten Worten und bester Laune bewerben.

Der Universal-CEO als Beifahrer im kleinen Twingo durch die Republik tingelnd und die CDs der Konkurrenz anpreisend. Als ob er keine anderen Sorgen hätte ... Anyway, N'Sync holte Gold. Wie ich es vorhergesagt hatte. Der CEO verlor die Wette und musste in den Twingo steigen. Offenbar nicht ganz ohne Hintergedanken.

In den Radiostationen waren die Redakteure entsprechend überrascht. »Der Joe bringt die Konkurrenz gleich mit!« Immerhin gab sich jemand, der gerade innerhalb von Universal zum CEO aufgestiegen war, die Ehre. Die meisten Redaktionen nutzten dies, um sich mit ihm auszutauschen, über langfristige Trends zu sprechen, seine Einschätzung zu neuen Bands zu hören.

Und ich war stolz, grinste innerlich, dass er bei mir im Auto saß und mit mir beim WDR zum Pförtner ging.

Er ließ keine Gelegenheit aus, subtil anzudeuten, dass er gerne mit mir zusammenarbeiten würde – und zwar nicht im Twingo.

SAUMAGEN UND SUPERSTARS

Auf unseren langen Fahrten hatten wir viele Gespräche, auch über Politik. Wir sprachen über Bundeskanzler Helmut Kohl, dessen Kanzlerschaft und seine Vorliebe für das deftige Essen. Und wir sprachen über den Deidesheimer Hof.

Über den legendären Deidesheimer Hof in Ludwigshafen, in den Helmut Kohl immer die Staatsgäste eingeladen hatte, mit ihm Saumagen zu essen. François Mitterrand, Michail Gorbatschow, Margaret Thatcher, alle waren hier – damals, als deutsche Politik noch die knarzende Gemütlichkeit eines Landgasthofs ausstrahlte. Damals, als in der Bonner Provinz Politik gemacht wurde und noch nicht im überhitzten Berlin.

Weder er noch ich hatten jemals Saumagen gegessen und beschlossen, das an diesem geschichtsträchtigen Ort nachzuholen. Und so reservierten wir für den Abend einen Tisch. Als wir reinkamen, war sofort klar, dass wir überhaupt nicht reinpassten, vor allem optisch. Das Wort »gutbürgerlich« ist für Orte wie den Deidesheimer Hof erfunden worden.

PLÖTZLICH WAR ICH EIN TOP-ACT

Das Interesse war sofort entfacht. Man merkte, wie gerne Kellner und Kellnerinnen sowie Gäste gewusst hätten, wer wir waren. Staatsoberhäupter hatten hier schon gegessen, Präsidenten und Könige. Irgendwann bekamen die Leute vom Restaurant heraus, dass wir aus der Musikindustrie kamen.

Und sie rätselten weiter, wer denn »der Schwarze« sein könnte. So viele Schwarze verkehrten damals nicht im Deidesheimer Hof. Der CEO hatte eine Idee und flüsterte der Bedienung zu, ich sei R. Kelly. Inzwischen ein gefallener Star, ein verurteilter Straftäter, wenn es stimmt, was ihm vorgeworfen wird, ein echter Widerling – aber damals war R. Kelly ein globaler R&B-Top-Act, »I Believe I Can Fly« kannte man auch im Deidesheimer Hof.

Ich war also jetzt R. Kelly. Weil: schwarz. Ich gab als R. Kelly Autogramme und ließ mich mit dem Wirt fotografieren. So schnell wird man selten zum Weltstar.

Schräger hätte es nicht kommen können: Ich war mit dem Chef des größten Konkurrenten im Twingo auf Promotour in der Pfalz, wir saßen in der Lieblingsgaststätte von Helmut Kohl und ich gab mich als R. Kelly aus. Vielleicht lässt sich das Musikbusiness so am besten umschreiben.

»GLAUBE BEDEUTET LIEBE UND HOFFNUNG«

Sehr geehrte Damen und Herren,
liebe Freunde,

ich habe der Kirche sehr viel zu verdanken.

Ich habe den Ordensbrüdern der Salesianer Don Boscos
sehr viel zu verdanken.

Ich habe dem Glauben sehr viel zu verdanken.

Aber ich stecke in einem persönlichen Dilemma,
wenn ich über die Kirche rede.

!

Dank der Kirche habe ich in Deutschland
Bildung genossen, eine Heimat gefunden
und Menschen kennengelernt,
die mir zur Seite stehen.
Wenn ich in einer Kirche bin,
fühle ich mich zu Hause,
es ist für mich ein Ort des inneren Friedens und
der Ruhe.

Doch dieser Ort ist für andere
zu einem Albtraum geworden.
An Orten, die für mich Heimat sind,
sind andere schwer traumatisiert worden,
von Priestern, Angehörigen der Kirche,
von Erziehern.

An Orten, an denen ich mich geschützt fühle,
wurden andere sexuell missbraucht.

Der Schutzraum wurde zu einem Ort des Verbrechens.

Die Schwachen und Bedürftigen,
für die Jesus da war und da ist,
die im Schutzraum der Kirche Trost und
Sicherheit suchten,
wurden mit etwas konfrontiert,
das sie für das Leben gezeichnet hat,
was sie im schlimmsten Fall gebrochen hat.

Es zerreißt mir das Herz, wenn ich an die Opfer denke.

Und in mir steigt die Wut,
wenn ich an die Tricksereien, Heimlichtuereien und
die Vertuschungen denke,
mit denen die katholische Kirche in Deutschland
den Vorwürfen begegnet.

Statt alle Vorgänge strafrechtlich aufzuarbeiten,
statt Tätern, die sich an Schutzbefohlenen
vergangen haben,
den Schutz der Kirche zu entziehen und
sich in Gänze den Opfern zuzuwenden,
werden die Täter versetzt und nicht geächtet.

Bis heute hat es den Tag nicht gegeben,
an dem sämtliche Bischofe
der 27 deutschen Bistümer
sich gemeinsam vor den Opfern verneigen und
um Entschuldigung bitten.

Es bräuchte eine Handlung mit Symbolcharakter,
einen Kniefall, wie jenen von Willy Brandt 1970 in Polen.

Doch es mangelt nicht nur an
symbolischen Handlungen,
es mangelt am generellen Willen

zur Aufarbeitung,
es mangelt vor allem auch an den
urchristlichen Eigenschaften
wie Liebe und Demut.

Kein Wunder,
dass das Misstrauen gegen die Kirche wächst.
Kein Wunder, dass sich Gläubige mit Abscheu
von der katholischen Kirche abwenden.

Im Jahr 2021 sind rund 360 000 Gläubige
aus der Kirche ausgetreten.
Und das ist verheerend.
Nie zuvor waren es mehr Menschen.

Und vor allem:
2021 war das zweite Jahr der Coronapandemie,
das Jahr, das mit einem sehr harten,
monatelangen Lockdown begonnen hatte.

Die Schulen in Deutschland waren
von Januar bis Ostern geschlossen,
Theater, Konzerte, Feste fanden nicht statt.

Die Menschen waren auf sich selbst zurückgeworfen
– und selbst in dieser Situation,
in der viele Menschen den Halt verloren,
vertrauten sie nicht mehr auf die Kirche.

Leid tut es mir um die vielen
engagierten und tiefgläubigen Menschen,
die ich im Laufe meines Lebens
im Umfeld der Kirche kennengelernt habe.

Die Nonnen, die Ehrenamtlichen,
die Patres, Ordensbrüder und Bischöfe,
deren wertvolle Arbeit nun

im Schatten des Missbrauchs steht.
Das haben sie nicht verdient.

Die Zahl der Kirchenaustritte ist vor allem
auch deshalb erschütternd,
weil nicht nur die austreten,
die sich von der Kirche entfremdet haben,

nein,

es treten auch jene aus, die sich bisher
leidenschaftlich in der Kirche engagiert haben:
die eine Jugendgruppe geleitet,
Gebetskreise organisiert,
den Gottesdienst unterstützt haben und
als ehrenamtliche Helfer in der Gemeinde
tätig waren.

Dass auch diese Menschen gehen, ist
eine sehr traurige –
und eine für die Kirche existenzbedrohende –
Entwicklung.

Allein deswegen fordere ich einen
Kulturwandel in der Kirche!

Denn jeder Gläubige steht heute vor der Frage:
Will ich Teil dieser Kirche sein,
in der im Zuge des Missbrauchs oft
intransparent, uneinheitlich und
widersprüchlich gehandelt wird?

In der überholte föderale Strukturen
eine lückenlose Aufklärung behindern –
begleitet von gleichermaßen
widersprüchlichen Vorgaben aus Rom?

Das führt sogar dazu, dass der eine Bischof,
der sich wegen der Missbrauchsskandale
in der Verantwortung sieht,
zurücktreten will –
es aber auf päpstliche Anordnung
hin nicht darf.

Und dass der andere Bischof, der nicht
zuletzt wegen eines fragwürdigen Gutachtens
dringend zurücktreten sollte,
vom Papst lediglich eine kleine Auszeit
verordnet bekommt.

In diesem Spannungsfeld finden sich
die Gläubigen wieder.

Und nicht wenige fordern,
die Strukturen endlich zu reformieren,
um zumindest Entscheidungen für alle
nachvollziehbar und
für alle Diözesen einheitlich zu machen.

Um als Kirche Vertrauen und Glaubwürdigkeit
zurückzugewinnen, wird es Transparenz brauchen.

Diese Verschwiegenheit, diese Heimlichkeit,
diese versteckten Orte
in der Kirche haben das Klima begünstigt,
in dem Straftaten geschehen.

Deshalb muss sich die Kirche endlich öffnen!

Warum wird nicht ganz selbstverständlich
Offenheit und Transparenz gepflegt?
Zu Transparenz gehört auch
ein gewisses Maß an Kontrolle.

Mir stellt sich die Frage,
ob die Strukturen in der Kirche
nicht aufgeweicht werden müssten,
um die bisherige Machtfülle in den Bistümern
demokratisch aufzufangen
und mehr Menschen an den Entscheidungen
teilhaben zu lassen.

Doch statt sich zu öffnen,
statt demokratische Strukturen zu schaffen,
statt die Priesterausbildung zu reformieren,
statt den Weltpriestern eine Heirat zu ermöglichen,
statt sich generell zu bemühen,
den Priesterberuf wieder attraktiv zu machen,
statt alle diese Reformen anzugehen,
sperren sich die Kirchenoberen
gegen tiefgreifende Veränderungen.

Und das ist exakt das Gegenteil einer offenen Kirche,
die aktiv an der Entwicklung einer Gesellschaft mitwirkt,
die Werte vermittelt und
die eine Richtschnur im Leben sein könnte.

Wenn die Kirche wieder eine maßgebliche Institution
für Menschen werden will,
muss sie folgende Fragen klären:

Wer sind wir?
Wer wollen wir sein – und für wen?

Ein weiterer Schritt in Richtung Transparenz
wäre dabei eine zeitgemäße Kommunikation.

Die meisten Menschen stehen heute
in den sozialen Medien in Kontakt mit anderen.
Man trifft sich, tauscht sich aus,
man ist miteinander verbunden.

Es wäre das Einfachste für die Kirche,
mit der Gemeinde, mit den Gläubigen
auf Instagram oder Twitter
in permanenten Kontakt zu treten.

Wenn das gelänge, wäre es ein Anfang.

Das Wort Gottes hat eine zentrale Bedeutung für mich.

Es rechtfertigt mein Sein,
es erklärt mein Sein.

Ich wünsche mir, dass wieder mehr Menschen
die Stabilität und den Trost erfahren,
den die Kirche bieten kann.

Und ich wünsche mir, dass die Menschen,
die ihr Leben in den Dienst der Kirche und
damit der Nächstenliebe stellen,
die Anerkennung erfahren,
die sie dafür verdient haben,
ohne dass die Taten Einzelner
ihre täglichen Verdienste verschatten.

Der Glaube bedeutet für mich Hoffnung und Liebe.

Und beides werden wir brauchen,
auf dem Weg zu einer neuen Kirche.

– ACHT –

Jetzt kannst du zeigen, was du draufhast

MIT DER BAHN ZUM ARBEITSAMT.

MAKE SCHLAGER GREAT AGAIN.

DIE GEBURT VON AIRFORCE1.

1999. Ich wollte weiter – und ich glaubte fest an mich. Ich hatte beschlossen, dass A&R meine nächste Station sein sollte. Ich wollte mein Wissen, was gehört wird und was im Radio funktioniert, anwenden können. Das viele Reisen hatte meine Wanderlust befriedigt und ich hoffte auf ein steteres Leben.

A&R, diese beiden Buchstaben stehen für »Artists and Repertoire« und werden in der Branche meist abgekürzt.

A&R-Manager sind die Talentscouts im Musikbusiness. Sie suchen und finden vielversprechende Künstler und begleiten deren musikalische Karrieren. Sie sind in das Songwriting und in die Produktion involviert und arbeiten innerhalb eines Labels mit Marketing, Promotion und Vertrieb zusammen, um den größtmöglichen Erfolg des Künstlers sicherzustellen. Ein enges Verhältnis zu Künstlern, Managern und Produzenten ist dabei der Schlüssel.

WISSEN, WIE EINE BOYBAND FUNKTIONIERT

Die wichtigste Voraussetzung: Du musst gut in der Analyse sein. In den 1990ern musstest du wissen, wie eine Boyband funktioniert. Heute musst du wissen, wie die Aktivitäten der Künstler auf den digitalen Plattformen auf die Streamings einzahlen. Datenanalyse ist ein wichtigen Faktor. Aber am Ende des Tages geht es immer um gute Songs. Das ist der Kernbereich eines guten A&Rs.

Ich wollte ein guter A&R sein. Jive bot mir die Stelle als International A&R Central Europe in Amsterdam an – und ich nahm an. Ich bin in meinem Leben insgesamt 23-mal umgezogen. Fast immer des Jobs wegen – dem meines Vaters oder später meines.

In Amsterdam habe ich mich das erste Mal wirklich mit Kopf und Herz einem Job verschrieben. Die Internationalität, das Verstehen, wie viele Gewerke bei einem weltweiten Release zusammen wirken, wie viele Menschen daran beteiligt sind, einem Künstler den Weg zum Erfolg zu ebnen, das hat mich unglaublich begeistert und tut es heute noch. In Amsterdam habe ich das Business erstmals in seiner Ganzheit begriffen, mit all den internationalen Zusammenhängen und unterschiedlichen Maschinerien in den einzelnen Ländern.

Damals lebte ich in Lage Vuursche, einem kleinen Vorort. Sehr beschaulich und geradezu romantisch. Ich hatte mich ganz bewusst gegen eine Wohnung in Amsterdam entschieden, die Ablenkung wäre zu groß gewesen und ich wahrscheinlich in alte Partymuster verfallen. Man könnte durchaus sagen: In meiner Zeit in Amsterdam bin ich Manager meines Lebens geworden.

In der Woche arbeitete ich hart und lernte viel, um beruflich voranzukommen. Am Wochenende fuhr ich oft nach Köln oder Essen und besuchte meinen Bruder Jerome und seine Familie. Viel mehr ging nicht. Ich hatte damals das Glück, unter einem der besten A&Rs weltweit zu arbeiten, der mir den Job wirklich erschloss. Es geht um Songs, Real Artistry, um Talent, um außergewöhnliche Stimmen, die Fähigkeit, Botschaften zu transportieren, die emotionale Bindung zu anderen herzustellen.

RAMMSTEIN WAR KRASS, DAS ANGEBOT KRASSER

Ende 2001, nach zwei Jahren in Amsterdam, kam der CEO von Universal mit einem Angebot auf mich zu, das ich nicht mehr ausschlagen konnte. Damals war Rammstein auf großer Europatour und machte im Dezember Station in Amsterdam. Rammstein ist eine Naturgewalt, gerade live. Als ich den Anruf bekam, ob ich Lust auf das Konzert und ein gemeinsames Dinner hätte, sagte ich sofort zu. Diesmal stimmte alles. Das Konzert war krass, das Angebot krasser. Es kam tatsächlich die Sonne.

Ich zog nach Hamburg und arbeitete als Head of A&R für Universal. Nach sechs Monaten zog Universal von Hamburg nach Berlin. Damals eine politisch sehr umstrittene Entscheidung, die auch medial hohe Wellen schlug.

Berlin begeisterte mich auf eine Art, wie es noch nie eine andere Stadt getan hatte. Alles an dieser Stadt zog mich an. Die Offenheit, die Lebensfreude, die leicht schnoddrige Art. Vor allem aber war Berlin eine Stadt der Möglichkeiten für mich. Kultur, Musik, Events, in allem sucht Berlin bis heute noch nach seinesgleichen.

Die Anfangszeit war holprig, der Druck groß. Die Arbeitsmoral, die ich mir in Amsterdam noch freiwillig auferlegt hatte, war hier Notwendigkeit. Universal wollte nach vorne und dafür brauchte es Hits. Bevor es mich 2004 nach München ziehen sollte, lernte ich eine Menge über die Branche und vor allem über die Grenzen, die mir als A&R gesteckt waren. Viele Entscheidungen konnte ich damals nicht nachvollziehen, aber als A&R musst du das Produkt an einem bestimmten Punkt loslassen, im Vertrauen darauf, dass es auch ohne dich bestmöglich betreut wird.

DIE GEBURT VON ICH + ICH

In meiner Zeit bei Universal hatte ich einige größere Erfolge, die dafür sorgten, dass ich in der Branche noch besser Fuß fassen konnte. Ich signte Juli, die kurz nach meinem Weggang von Universal mit ihrem Hit »Perfekte Welle« den großen Durchbruch hatten. Außerdem spielte ich den Matchmaker bei einem heute sehr bekannten Duo. Annette Humpe kam damals auf mich zu und fragte, ob ich nicht junge Produzenten kenne, mit denen ich sie zusammenbringen könne. Nach kurzem Überlegen und wenigen Telefonaten setzte ich mich ins Auto und nahm sie mit zu einigen Produzenten, die gerade mit einem sehr talentierten jungen Sänger im Studio saßen. Es brauchte nicht viel mehr als diesen einen Nachmittag und aus Adel Tawil und Annette Humpe wurden Ich + Ich, die seitdem unzählige Nummer-eins-Hits landeten.

2004 bekam ich das Angebot, als General Manager für Cheyenne Records in München zu arbeiten. Die Firma hatte damals mit den No Angels, die aus der Sendung »Popstars« hervorgingen, große Erfolge gefeiert. Alle Acts, die über das Fernsehen gepusht wurden, gingen durch die Decke. »Popstars« war auch deshalb so erfolgreich, weil es Blicke durchs Schlüsselloch ermöglichte. Man sah buchstäblich Blut, Schweiß und Tränen, während die Geschichte um den Künstler erzählt wurde. Overground und die Preluders und später Nu Pagadi betreute ich erfolgreich.

Die Zeit in München war lehrreich. Aber schon nach kurzer Zeit wurde klar, dass ich aus einem bestimmten Grund als General Manager eingekauft worden war. Um es an Pro 7/Sat 1 zu verkaufen, sollte das Unternehmen professionell aufgestellt werden. Der

Verkauf scheiterte jedoch auf den letzten Metern und ich war damit überflüssig. Das Ganze ging so schnell, dass ich keinen Plan B hatte. In einem war ich mir sicher: Das war das letzte Mal, dass ich als festangestellter Mitarbeiter gearbeitet hatte. Ich wollte selbständig sein, mein eigenes Ding machen und meine eigenen Entscheidungen treffen. Wenn sie falsch waren, gut, dann würde ich die Konsequenzen tragen. Aber ich wollte es versuchen!

HARTE LANDUNG

2007 war für mich trotzdem erst mal der absolute Tiefpunkt. Ich hatte den Aufhebungsvertrag bei Cheyenne Records unterschrieben, den Dienstwagen abgegeben – und fuhr mit der Bahn zur Bundesagentur für Arbeit, um mich arbeitslos zu melden. Ich zog eine Nummer auf dem Amt, saß auf dem harten Plastikstuhl und wartete.

Der Aufschlag war deshalb so dumpf, weil alles auf die Scheinwerfer ausgerichtet ist, wenn man aus dem Showgeschäft kommt. Alles strahlt.

Und wenn plötzlich das richtige Leben da ist, wird es düster. Der Gang zum Amt war ein Tiefschlag.

»Was soll mal aus dir werden?«, hatte Pater Oerder immer gefragt. Was hätte ich ihm damals antworten können?

»Nun, aus mir wurde ein arbeitsloser Musikmanager, der darauf hoffte, dass ihm der Staat weiterhelfen würde.«

Die Frau in der Agentur für Arbeit war optimistisch. Sie erklärte mir, wie das mit der Ich-AG funktioniere und wie mir der Staat helfen könne, die nächsten sechs Monate zu überstehen. Den Entschluss, mich selbständig zu machen, unterstützte sie: »Sie sehen aus, als wollen Sie wirklich etwas auf die Beine stellen«.

PATER OERDER, DER TRÖSTER

Was ich bisher gemacht hatte, schien sie zu überzeugen: Ich war Musikmanager, hatte Britney Spears zumindest im Westen Deutschlands in die Radios gebracht, hatte Anfang des Jahrtausends nach Sendungen wie »Popstars« mit dafür gesorgt, dass Bands wie Nu Pagadi, Overground oder die Preluders im Musikgeschäft Fuß fassen konnten.

Und nun saß ich da und ließ mir von ihr Mut zusprechen: »Das wird schon, da bin ich positiv.« Besonders tröstlich war das alles nicht. Trost hingegen spendete mir wieder Pater Oerder, der fest an mich glaubte und mir in vielen Gesprächen den Mut gab, den letzten Schritt zu gehen, der die Selbständigkeit bedeutete. »Hier gilt nicht Maul spitzen, hier muss gepfiffen werden! Jetzt kannst du zeigen, was du draufhast.«

Ich hatte die letzten Monate eine Fernbeziehung geführt, es kriselte aufgrund der Entfernung. Also zog ich zurück nach Hamburg. Das rettete zwar die kriselnde Beziehung nicht mehr, brachte aber beruflich neue Perspektiven. Ich war 37 und wollte mein eigener Herr sein.

»HAST DU EIGENTLICH RECHNUNGEN GESCHRIEBEN?«

Ein ehemaliger Kollege, der eine Werbeagentur besaß, bot mir an, für 150 Euro ein kleines Büro in seinem Office zu mieten. Nun hatte ich ein kleines Zimmer mit Schreibtisch, einen Computer, ein Handy – aber ich hatte nicht die geringste Ahnung, wie ich ein Geschäft aufziehen sollte.

Um weiter im Musikbusiness durchzustarten, fehlten mir sowohl die Ressourcen als auch die Zugänge zu Künstlern. Deshalb fing ich mit kleineren Beratungsjobs an, sogenanntes A&R-Consulting. Das lief gut, A&R konnte ich. Ich gab Empfehlungen und Einschätzungen zu Bands und Künstlern. Doch ein für Selbständige wichtiges Detail ließ ich außen vor.

Nach ein paar Monaten fragte mich mein Bürokollege: »Sag mal, es scheint ja ganz gut zu laufen bei dir, Joe, hast du eigentlich schon Rechnungen geschrieben?«

Rechnungen?

Nein, keine einzige. Vermutlich ging ich davon aus, dass die Unterstützung der Arbeitsagentur, das Ich-AG-Überbrückungsgeld, mein Gehalt war. Ich war noch so sehr in diesem Festangestelltenmodus, dass ich schlichtweg vergaß, Rechnungen zu schreiben. Genau genommen hatte ich einfach gearbeitet, mit dem Mindset eines Festangestellten.

In dieser Zeit wurde ich gefragt, ob ich als freier Radiopromotor arbeiten wollte. Ich sagte zu. Das irritierte einige Leute in der Branche. Für sie war ich schon viel weiter oben gewesen. General Manager bei Cheyenne Records, Head of A&R bei Universal. Und jetzt als Radiopromoter unterwegs? Scherz, oder?

Aber für mich war das kein Scherz. Für mich war das ein Neubeginn in der Selbständigkeit, ein Restart im Rocky-Modus.

Die nächste Etappe begann mit einem anderen Kollegen, den ich in Hamburg kennenlernte. Wir fragten uns seinerzeit, warum Schlager immer so betrüblich daherkommt, warum er immer so angestaubt wirkt. Und wir fragten uns, wie wir Schlager frischer, zeitgemäßer und zugänglicher gestalten könnten.

Denn Zugang zu Schlager hat eigentlich jeder.

Wer in den 1970ern und 1980ern in Deutschland aufgewachsen ist, kann easy Textzeilen wie: »Eine neue Liebe ist wie ein neues Leben«, »Er gehört zu mir« oder »Santa Maria« mitsingen, zumindest kann er oder sie die Melodie mitsummen.

MAKE SCHLAGER GREAT AGAIN!

Doch der Schlager war zu sehr in der Vergangenheit verhaftet. Deshalb begannen wir als Erstes mit einer optischen Verbesserung. Wir entwickelten das Magazin *Auf eins*. Und für dieses Magazin machten wir Interviews und Fotoshootings mit Schlagerstars wie Udo Jürgens, Helene Fischer und Mireille Mathieu. Wir wollten eine neue Coolness, eine Abgeklärtheit abbilden, die es bis dahin in der Schlagerbranche nicht gegeben hatte.

Im Mainstream war es einfach, Schlager abzulehnen. Was aber auch daran lag, dass der Schlager seinerzeit zunehmend lieblos präsentiert wurde. Damit hatte ich meine Berufung gefunden: Make Schlager great again! Die ersten Ausgaben des Magazins hatten wir frei veröffentlicht, in der Hoffnung, nach einigen Ausgaben einen großen Verlag für uns gewinnen zu können.

Innerhalb der Branche schlug das Magazin wie eine Bombe ein. Die Schlagerkünstler fühlten sich endlich gesehen und respektiert, die Managements nutzten die Plattform begeistert für ihre Künstler.

Einen großen Verlag fanden wir allerdings nicht, Schlager war zu dieser Zeit zu nischig, man hatte Angst, Geld zu verbrennen. Trotzdem brachte mir die Arbeit am Magazin viele Kontakte in die Schlagerwelt und öffnete mir neue Türen.

ZURÜCK IM GAME

Und es zog mich wieder zurück in die Stadt, die ich liebte und in der ich kurz darauf meine Frau kennenlernte. 2007 begann ich als freier A&R-Berater für Ministry of Sound in Berlin zu arbeiten. Mein erstes Projekt war eine Kollaboration von Nena, Oliver Pocher und Stefan Remmler mit dem schnittigen Titel »Ich kann nix dafür«. Die Nummer stieg damals in die Top Ten ein, ich war zurück im Game.

Eines Nachts hörte ich in einem Club in Berlin, dem Last Cathedral, einen Subway-to-Sally-Klassiker: »Eisblumen«. Es traf mich wie ein Blitz. Der Song und die Lyrics waren so stark, es traf mein Herz. Ich fragte mich, ob dieser Song, von einer weiblichen Stimme gesungen, nicht noch mehr Menschen erreichen würde. Also rief ich einen befreundeten, sehr erfolgreichen Produzenten an, der gerade mit Silbermond im Studio war, sich aber sofort für das Projekt begeisterte und auch eine junge Sängerin mit der perfekten Stimme für den Song kannte. Kurze Zeit später gingen wir mit Sotiria ins Studio.

Mein Kontakt zu den Freunden aus Nürnberger Zeiten war nie abgerissen. Einer von ihnen hatte zwischenzeitlich ein erfolgreiches Joint-Venture-Label mit Universal. Er vertraute mir, gab mir einen Deal und damit eine Chance.

Im Januar 2009 veröffentlichten wir die Single »Eisblumen«, die bis in die Top drei der Single-Charts schoss.

Der Erfolg gab mir Auftrieb und ich bekam das Angebot, für Universal als freier A&R-Consultant zu arbeiten.

IN DER ABTEI IN ROM

Meine ersten Schritte im Managementbereich machte ich 2011. Damals stand die katholische Kirche massiv in der Kritik.

Zahlreiche Missbrauchsfälle wurden bekannt, immer mehr Opfer äußerten sich. Und statt sich zu einer großen menschlichen Geste, zu einer kirchenweiten Entschuldigung durchzuringen, stießen die Opfer auf eine Mauer des Schweigens. Viele Kirchenvertreter ließen Mitgefühl und Herzlichkeit vermissen. Das war nicht nur sehr schmerzhaft für die Opfer sexuellen Missbrauchs, das war auch ein Schlag gegen die eigenen Mitglieder.

Gegen jene, die sich aufopferungsvoll für die Schwachen einsetzen, die Tag für Tag helfen, die seelsorgerisch tätig sind, die selbstlos Menschen in Not beistehen. Sie alle litten darunter, welche Abgründe sich auftaten und wie die Kirche jetzt angesehen wurde.

Weil ich der katholischen Kirche viel zu verdanken habe und weil Kirche so viel mehr ist als diese Missbrauchsvorfälle, die alles andere überschatteten, wollte ich etwas tun. Ich wollte eine Gruppe mit singenden Priestern zusammenstellen. Sie sollten mit der Musik und ihren Stimmen die Kraft des Glaubens ausdrücken.

Ich bin Musikmanager und betrachte Musik als große Chance auf dem Weg des Verzeihens. Also setzte ich mich eines Abends zu Hause an den Esstisch, klappte den Laptop auf und schrieb einen langen Brief, erklärte meine Idee, berichtete, dass ich gläubig war, in einem kirchlichen Internat erzogen worden war, und bat um Unterstützung.

Der Brief kostete mich viel Mühe, das Thema lag mir sehr am Herzen. Da ich keine Mail versenden wollte, legte ich hochwertiges Briefpapier in den Drucker und druckte ihn mehrfach aus.

DAS SCHWEIGEN DER BISCHÖFE

Diese Briefe verschickte ich an alle deutsche Bistümer und Bischöfe. Insgeheim hoffte ich auf große Resonanz und im besten Fall auf eine Reihe von Priestern, die bei dem Projekt mitmachen wollten. Es vergingen ein paar Tage, es vergingen ein paar Wochen – und es kam: nichts. Es gab keine einzige Rückmeldung, kein einziger Bischof meldete sich.

Ich hatte das Glück, dass ein befreundeter Pater mir den Kontakt zum Abtprimas, dem obersten Repräsentanten der Benediktiner, herstellte. Wir vereinbarten ein Treffen in Rom, in der Abtei San Anselmo. Dort saßen wir einige Wochen später an einem langen Tisch, redeten über den Glauben, über die Kirche.

Ich erzählte von meiner Zeit in Rüdesheim, von Pater Oerder und was er für mich und meine Familie getan hatte. Danach klappte ich den Laptop auf, begann ihm die Idee der singenden

Priester zu erläutern. Extra für das Gespräch hatte ich mir Formulierungen zurechtgelegt:

»Die Musik kann die Kirche wieder mit den Menschen verbinden.« Und: »Mit den Liedern könnte der Funke zu den Herzen der Menschen überspringen.« Nach wenigen Minuten Nachdenkens gab er mir grünes Licht. Und so begann die erfolgreiche Zeit der Priester.

ERFOLG MIT EINER MUSIK, DIE DEN GLAUBEN EHRT

Über die Kanäle des Abtprimas fanden sich mit Pater Vianney Meister, Abt Rhabanus Petri von Schweiklberg und dem Wiener Diözesanpriester Andreas Schätzle drei wunderbare Sänger. Am 21. Oktober 2011 erschien das Debütalbum von Die Priester mit Namen *Spiritus Dei.* Auf dem Album waren auf Latein und Deutsch gesungene Lieder von Händel, Bach, Tschaikowsky, Beethoven und Smetana sowie Titel wie »Halleluja« von Leonard Cohen.

Das Video drehten wir in Südfrankreich. Die drei waren keine Profimusiker und machten Musik nur als Hobby. Mit lateinischen Gesängen stürmten »Die Priester« die Charts, die Verkäufe schossen in die Höhe. Eigentlich eher schwer zugängliche Lieder wurden jetzt von vielen Menschen gehört. Es war real geworden, was ich als Bild vor mir gesehen hatte: Erfolg mit einer Musik, die ein tiefes Empfinden auslöst und die einen Beitrag zum menschlichen Bedürfnis nach Spiritualität liefert.

Dass es der Glaube war, der mich wieder an meinen Beruf glauben ließ, war eine wunderbare Erfahrung. Ich war wieder zurück. Mit Demut und mit Gottes Hilfe.

SCHON DER BEGINN WAR MAGISCH

Hugues Aufray ist ein französischer Sänger. Er wurde 1929 geboren. In den 1960er-Jahren wurde er über Frankreich hinaus als Chansonnier bekannt. Ein prägendes Erlebnis für Aufray war 1965 ein Treffen mit dem amerikanischen Bürgerrechtler Martin Luther King. Das bestärkte ihn, sich gegen Rassismus und für humanistische Ziele zu engagieren. Berühmt wurde er mit einem Chanson aus dem Jahr 1961, dieser basierte auf dem englischen Shanty »O Santianna« – und hieß im Französischen: Santiano.

Diesen Namen gab sich eine Band, die in Deutschland nicht nur einen riesigen Erfolg feierte – ihre Studioalben standen jeweils für viele Wochen auf Platz eins –, sondern mit ihrer Mischung aus Folkrock und Seemannsliedern ein völlig neues Genre begründete.

Santiano begeistern die Massen seit vielen Jahren und ich bin wahnsinnig stolz, diese Band als Manager zu begleiten. Schon der Beginn im Jahr 2012 war magisch: Die Jungs, die sich kennenlernten, als sie gemeinsam in Flensburg auf einer Party jammten, starteten mit ihrem ersten Album *Bis ans Ende der Welt* gleich auf Platz 27. Eine Topausgangslage. Auf einer sogenannten Händlertour reisten wir durch ganz Deutschland. Und ich erinnere mich gut, als wir in Frankfurt angekommen waren, standen vor dem MediaMarkt nicht nur ein paar vereinzelte Fans, sondern eine riesige Menschenmenge.

NEUSTART MIT AIRFORCE1

Die Musik schien den Nerv der Zeit zu treffen. Es sind Lieder von Zusammenhalt, vom Gelingen, auch von Abschieden, es gibt viele Molltöne, aber dennoch schimmert immer Zuversicht und Hoffnung durch. Santiano wird vom breiten Querschnitt der Bevölkerung gehört, von Männern und von Frauen jeden Alters, von Kindern, von Akademikern und Handwerkern gleichermaßen.

Mit Santiano begann für mich eine neue Zeitrechnung. Nach dem Erfolg im Management gründete ich 2013 mein eigenes Label, Airforce1, ein Joint Venture mit Universal Music. Airforce1 klingt anmaßend, aber in der Musikindustrie geht es darum, Airplay-Zeiten im Radio zu bekommen. Und mit Airforce1 soll das möglich gemacht werden. Den Namen hatte ich mir schon gegeben, als ich als Einmannbetrieb in Hamburg arbeitete und vergaß, Rechnungen zu schreiben.

Mit der Gründung von Airforce1 setzte ich endgültig meinen Fußabdruck in die Branche. Und mit der Gründung kam die Stabilität. Der Erfolg gab mir recht. Jeder einzelne Künstler war ein Risiko mit mir eingegangen – und geht noch heute ein Risiko mit mir ein. Ich stehe fest an ihrer Seite auf dem Weg nach oben, ob es nun Santiano, Alvaro Soler, die Kelly Family, Ben Zucker oder Noel Holler ist. Sie lassen sich auf mich ein, entwickeln eine gemeinsame Vision. Sie vertrauen mir und ich vertraue ihnen.

Ich liebe die Arbeit als Musikmanager. Sie erfüllt mich auf eine Art und Weise, die ich mir vorher nicht hätte vorstellen können. Manchmal gibt es Momente, die einen in den Wahnsinn treiben. Aber manchmal ist es auch pure Magie!

Und deshalb kann ich heute sagen, dass ich genau dort bin, wo ich sein will, und daran nichts ändern würde.

Mit dem wirtschaftlichen Erfolg stellte sich eine gewisse Ruhe ein. Ich hatte Mitarbeiter im Unternehmen, die vieles übernahmen, und plötzlich wieder Abende und Wochenenden für mich. Das ermöglichte es mir, 2016 in die CDU einzutreten und dort lange Abende in Vorstandssitzungen zu verbringen. Meine Freundin machte sich zur gleichen Zeit selbständig und eröffnete ihr eigenes Geschäft, sodass wir zeitlich beide flexibler waren.

DER MARATHON-MANN

Außerdem hatte ich den Sport wieder für mich entdeckt. Ich ging regelmäßig zum Boxen, das hatte ich früher, in meinen Nürnberger Zeiten, oft gemeinsam mit einem sehr guten Freund getan. Im Wahlkampf lernte ich mein Idol Uli Wegner kennen, mit dem mich seitdem eine enge Freundschaft verbindet und der mich sehr unterstützt hat.

Auch das Laufen fing ich wieder an. Mein Traum, und das schon seit Jahren: einmal einen Marathon laufen. Also meldete ich mich für den Berlin-Marathon im September 2016 an.

Das Jahr ging mit beruflichem Stress aus allen Richtungen los. Ich musste viel reisen und kam nicht so ins Training, wie ich mir das erhofft hatte.

Gekrönt wurde das Ganze von einem verschleppten Infekt, der in einem Hörsturz nach einem Langstreckenflug endete. Das beförderte mich zwei Monate vor dem Marathon ins Krankenhaus. Bei der abschließenden Untersuchung zur Sporttauglichkeit wurde mir die volle Genesung bestätigt, gesundheitlich stand meinem

Marathon also nichts entgegen. Nur, wirklich fit dafür war ich nicht. Trotzdem wollte ich unbedingt starten, ich war mir sicher, dass ich die 42 Kilometer gut schaffen würde. Tat ich aber nicht, jedenfalls nicht gut. Ich kann mich schon ab Kilometer 30 an kaum etwas erinnern und auch vorher war ich wahrscheinlich kein schöner Anblick. Freunde berichteten später, dass ich auf ihren lauten Jubel beim Vorbeilaufen nicht reagiert, ihn wahrscheinlich gar nicht wahrgenommen hatte. Bei Kilometer 38 überkam mich das dringende Bedürfnis, mich an die Bordsteinkante zu setzen und einfach zu sagen: »Ich möchte lieber nicht!« An den Zieleinlauf hingegen kann ich mich wieder sehr gut erinnern. Das Banner vor Augen scheint noch mal einen Adrenalinkick bewirkt zu haben, der dafür gesorgt hat, dass etwas mehr Körperspannung entstand und ich durchs Brandenburger Tor lief.

TRAUER UND GLÜCK

Zwei Tage später starb mein Vater und die Welt blieb für mich stehen. Es dauerte Wochen, bis für mich langsam wieder eine Normalität zurückkehrte. Ich vermisse den Austausch und seine klugen Ratschläge noch immer. Das werde ich voraussichtlich auch immer tun. Aber irgendwann geht das Leben weiter und man arrangiert sich mit dem Schmerz. Vielleicht komme ich irgendwann an den Punkt, wo die erste Emotion nicht mehr Schmerz über den Verlust, sondern Dankbarkeit für die gemeinsame Zeit ist. Momentan ist es noch nicht so weit.

Das Jahr nach dem Tod meines Vaters lenkte mich wenigstens beruflich ab. Los ging es mit dem Videodreh der Kelly Family, die ihr Comeback nach über einer Dekade mit der Single »Nanana« einleiteten. Wir drehten unter widrigen Wetterbedingungen in einer alten Lagerhalle bei minus zehn Grad im Januar. Die Lagerhalle war auch mit Heizstrahlern nicht aufzuwärmen und wir versorgten Künstler und Fans, die als Komparsen im Video mitspielten, mit heißem Tee, in ständiger Angst, dass die Stimmung aufgrund der Eiseskälte kippen würde. Selten habe ich Künstler unter solchen Umständen so professionell agieren sehen. Nicht nur, dass sie sich nicht ein einziges Mal beklagten, sie hielten auch die Spirits bei den Fans hoch, brachten ihnen abwechselnd heißes Wasser und hielten durch, bis das Video nach langen 13 Stunden endlich abgedreht war. Einer der härtesten Videodrehs.

2017 lernte ich außerdem einen begabten jungen Künstler kennen, der schon erste Schritte im Business gemacht hatte, aber bei dem der große Durchbruch auf sich warten ließ. Es gab einen denkwürdigen Termin in meinem Büro. Er sang nur mit seiner Gitarre als Begleitung und ließ alle sprachlos zurück. Er wurde von der Bank weg in Florian Silbereisens »Schlagercountdown« eingeladen, der Rest ist Geschichte. Ben Zucker hat seitdem eine geradezu kometenhafte Karriere hingelegt, ausverkaufte Arenatouren gespielt und zahlreiche Nummer-eins-Hits in den Charts abgeliefert.

Mit Alvaro Soler, den ich bereits 2015 über einen gemeinsamen Freund kennengelernt hatte und der mich als Künstler sofort begeistert hatte, stand 2017 ein weiteres Album an. Er hatte damals gleich mit seinem ersten Song »El Mismo Sol« einen Hit geliefert, der in mehreren Ländern auf die Nummer eins der Charts schoss. Ein Umstand, der selbst einem absoluten Weltstar wie Jennifer Lopez zu Ohren kam, die sofort ein Feature anfragte. Kurze Zeit später drehten wir gemeinsam mit ihr das Video zu »›El Mismo Sol‹ feat. JLo« in New York. Was für ein Videodreh!

Das Album *Eterno Agosto* hatte sich im internationalen Vergleich hervorragend geschlagen, der Druck für das nächste Studioalbum war sehr hoch. Deshalb verbrachten wir 2017 viel Zeit im Studio und mit Gesprächen über die Richtung, die Alvaro einschlagen wollte. Alvaro ist ein Künstler im wahrsten Sinne des Wortes, hochmusikalisch und mit einer genauen Vorstellung davon, was und wer er sein will. Heute ist er einer der bekanntesten deutschen Künstler im Ausland – und das zu Recht.

Und privat? Glück und Trauer liegen oft so nahe beieinander. Anfang 2017, wenige Monate nach dem Tod meines Vaters, flog ich mit meiner langjährigen Freundin Carolin nach Daressalam, um sie meiner Mutter vorzustellen. Seit meine Eltern nach ihrer Zeit in Japan zurück in Tansania und im Ruhestand waren, flog ich mehrmals im Jahr für eine Woche dorthin, um sie und meine jüngeren Brüder zu besuchen.

In den Usambara-Bergen im Nordosten Tansanias, wo ich meinen Rückzugsort habe, sind die Regenwälder meiner Heimat. Sie waren schon vor Millionen von Jahren hier, so wie die Einsamkeit, die Musik der Wasserfälle, der Vögel, der Bäume. Der Indische Ozean ist nicht weit.

Anfang 2017 begleitete mich Carolin das erste Mal. Ende des Jahres heirateten wir und erfuhren, dass wir schon bald zu dritt sein werden.

– NEUN –

Mein Kopf an der Laterne

MEINE TOCHTER.

KULTUR IN ZEITEN DER PANDEMIE.

FREUNDE ALS WAHLKAMPFHELFER.

Im Februar 2018 saß ich vor dem Kreißsaal im Virchow-Klinikum in Berlin, atmete tief die eiskalte Morgenluft ein und genoss den kurzen Moment der Ruhe. Die vergangenen Stunden hatten viel Kraft gekostet. Als ich daran dachte, was meine Frau gerade geleistet hatte und was es bedeutet, einem Kind das Leben zu schenken, spürte ich eine tiefe Dankbarkeit in mir. Wir waren schon seit über zehn Jahren zusammen, seit letztem Jahr verheiratet. Bei ihr war ich mir sofort sicher: Das ist die Frau, die ich an meiner Seite haben will. Mit ihr will ich durch alle Höhen und Tiefen des Lebens gehen und mit ihr will ich gemeinsam alt werden. Wenn ich an meine Zukunft denke, ist sie immer ein Teil davon.

Wenn man gemeinsam Eltern wird, kreisen naturgemäß die ersten Gedanken um das unmittelbare Befriedigen der Bedürfnisse des Kindes. Was braucht unsere Tochter? Warum schläft sie nicht? Warum schreit sie?

DAS REICHT NICHT MEHR

Eltern zu sein verändert alles. War die Vorstellung von Zukunft bisher hauptsächlich eher theoretisch, bekam sie mit der Geburt unserer Tochter plötzlich ein ganz konkretes Gesicht. Es ging nicht mehr um den bisher vagen Gedanken, der nächsten Generation eine funktionierende Welt zu hinterlassen, sondern darum, die Welt konkret so zu gestalten, dass meine Tochter darin irgendwann gut leben kann.

Schlechte Nachrichten, gesellschaftliche Entwicklungen, Katastrophen, der Klimawandel haben nun eine tiefere Bedeutung. Genauso wie die Antwort auf die Frage: Wie muss diese Welt aussehen? Was muss sich ändern? Und was kann ich dafür tun, dass es eine bessere Welt wird?

Als meine Tochter im April von meinem Freund, dem Erzbischof Heiner Koch, getauft wurde, wurde sie Teil einer starken Gemeinschaft von Christen, die immer an ihrer Seite stehen werden. Das ist für mich ein tröstlicher Gedanke. Aber ich sehe es in erster Linie als meine Aufgabe als Vater, mich vor sie zu stellen und sie zu schützen.

Meine Frau und ich, wir arbeiten beide viel und hart, damit wir ihr ein gutes Leben ermöglichen können. Also eine gute Wohnung, gutes Essen, eine gute Ausbildung. Das reicht aber nicht mehr. Corona, Digitalisierung, Globalisierung sind neben der ökologischen Herausforderung, den wirtschaftlichen und sozialen Veränderungen und Kriegen die Themen unserer Zeit.

Deshalb will ich mich mehr in der Politik engagieren. Dort wird der Rahmen gesetzt, werden die Entscheidungen getroffen, auf die es ankommt.

Ich möchte etwas bewegen.

Nicht warten, bis ich bewegt werde.

EINE POLITIK FÜR ALLE

Ich will mich für die Menschen einsetzen. Ich will mich für unser Land und für Europa einsetzen. Und zwar mit einer Politik, die nicht ausgrenzt, die nicht auf Ideologien beharrt, auch wenn die Wirklichkeit sich weiterdreht.

Mit einer Politik, die den Kompromiss sucht, die sich für Minderheiten einsetzt, ohne die Mehrheit aus den Augen zu verlieren.

Für mich ist die CDU vor allem eine Partei der Werte. Die Werte werden zwar in jedem Zeitalter neu interpretiert, aber in ihrem Wesen bleiben sie uns erhalten. Der Markenkern der CDU ist Integration, Stabilität und Sicherheit.

Als im März 2020 die Welt durch Corona zum Stillstand kam, als ich mehr Zeit denn je mit meiner Familie verbrachte, löste das bei mir etwas aus. In dieser Zeit habe ich mich oft gefragt, was ich wohl ändern würde, wenn mich jemand fragen würde, in welcher Welt unsere Kinder aufwachsen sollen. Und in welcher Gesellschaft wir alle gemeinsam alt werden möchten.

MODERNE LAGERFEUER

Als Vertreter der Kultur- und Kreativwirtschaft musste ich – wie so viele – fast ohnmächtig zusehen, wie die Bedürfnisse dieser Branche kaum berücksichtigt wurden, wie übersehen wurde, wie wertvoll, wie sinnstiftend, wie wichtig die Arbeit von Künstlerinnen und Künstlern ist. Dabei schafft sie die Lagerfeuermomente unserer Zeit. Durch sie kommen die Menschen zusammen, erleben Gemeinschaft, können den Alltag auch mal ausblenden. Ob Konzert, Theater oder Club – hier brennen die modernen Lagerfeuer, um die wir uns versammeln. Die Kultur ist der Kitt, den wir brauchen, um die permanenten Risse in unserer Gesellschaft wieder zu schließen.

Während der Hochphase der Pandemie gelang es den Kreativen nicht, sich nachhaltig Gehör zu verschaffen. Es war eine dramatische Zeit. Sänger, die zuvor Massen begeistert hatten, saßen untätig zu Hause herum. Und wenn es um Schließungen und

Einschränkungen ging, waren Theater, Opern und Konzerthallen zuallererst betroffen.

Während Branchen wie Luftfahrt, Tourismus oder auch die Autoindustrie mit Milliarden gestützt wurden, schien kein Geld mehr übrig für die Kreativwirtschaft, die gleichermaßen Milliarden umsetzt und Millionen von Menschen in Deutschland Arbeit gibt. Dabei war es Musik, waren es Geschichten, waren es Filme, Serien und Bücher, die mithalfen, uns alle durch die Pandemie zu bringen.

PLÄDOYER FÜR DIE KULTUR

Das Wegbrechen der Kunst nahm die Politik anfangs mehr oder weniger achselzuckend zur Kenntnis – und das war für mich der Auslöser, mehr zu tun.

Kreativwirtschaft braucht eine starke Stimme im Bundestag. Denn Kultur schafft Gemeinsamkeiten. In einer auseinanderdriftenden Gesellschaft, in einer Gesellschaft, in der sich die Menschen von der Kirche und ihren Ritualen abwenden, die Vereinsarbeit durch fehlenden Nachwuchs eingeschränkt ist, ist die Kultur oft der einzige Ort, an dem Menschen außerhalb ihrer Familien noch Gemeinsamkeit erleben.

Kultur schafft mehr als nur ein wohliges Gefühl.

Kultur bildet das Fundament funktionierender Gesellschaften.

Als Unternehmer und Vertreter der Kultur- und Kreativwirtschaft wollte ich im September 2021 in den Bundestag. Am besten im Wahlbezirk Berlin-Mitte, der auch mein Lebensmittelpunkt ist. Ein Sieg in Mitte war der CDU seit 1990 nicht mehr gelungen.

Doch da gab es bereits eine Bewerberin. Aus Respekt vor ihr entschied der Berliner CDU-Landesvorsitzende, dass ich im Wahlkreis Spandau/Charlottenburg-Nord antreten sollte, wo es noch keinen offiziellen Bewerber gab. Das war ein fairer Kompromiss. Spandau und die Spandauer haben mich sehr warmherzig aufgenommen. Ich habe dort ein tolles Team an Mitstreitern vorgefunden, die konstruktiv und mit Herz die CDU vertreten haben.

EIN SCHWARZER IM ROTEN SPANDAU

Für mich war Spandau eine große Ehre, aber auch eine große Herausforderung. Spandau ist ein schlafender Riese, gerade in Sachen Kreativwirtschaft.

Den Wahlkampf nahm ich sehr ernst. Ich stellte mich jeder Diskussion, ging zu Streitgesprächen in Schulen, zu Vereinen, ich debattierte mit Senioren, mit Jungen, mit Rechten, mit Linken. Und als an einem Samstag im Sommer 2021 alle Parteien erstmals ihre Wahlkampfstände vor dem Spandauer Rathaus am Marktplatz aufbauten, ging ich zu jeder Partei und wünschte meinen Gegenkandidaten und -kandidatinnen »alles Gute und einen fairen Wahlkampf«.

Für mich ist auch das Teil einer gelebten Demokratie: Mit dem politischen Gegner zu sprechen und sich nicht nur in der eigenen Blase zu bewegen. Der Wahlkampf war hart, härter als ich mir das je hätte vorstellen können. Wenn die Tagesarbeit geschafft ist, fängt die ehrenamtliche Arbeit in der Politik und damit der Wahlkampf erst an, politisches Engagement, das auch nicht vor späten Abenden und dem Wochenende haltmacht. Ich habe in dieser Zeit viel gelernt und wenig geschlafen. Aber das war es mir wert. Die gleiche Leidenschaft, die mich in der Musikindustrie antreibt, begleitet mich auch in der Politik.

Und die Unterschiede sind gar nicht so groß: Sowohl in der Musik als auch in der Politik muss man Menschen im Herzen berühren. Musik hat eine große Macht. Du kannst wegschauen, aber du kannst nur schwer weghören, sagt ein Freund von mir.

DIE EMPATHISCHE KRAFT DER MUSIK

Musik trägt Emotionen, ihre Botschaften verankern sich in der Seele. In der Welt jenseits der Songs waren Gefühle lange ein Stigma. »Sei nicht so emotional!«, lautete der Standardvorwurf der angeblich so aufgeklärten Generation in den 1970er-, 1980er-, ja auch noch 1990er-Jahren. Das hat sich zum Glück geändert. Auch Politiker wissen inzwischen: Veränderung braucht Mut - und dieser Mut entsteht nicht nur über sachliche Argumente, sondern indem man im Herzen fest davon überzeugt ist, das Richtige zu tun und deshalb bereit ist, die Konsequenzen zu tragen.

Popkultur darf heute auch in der Politik stattfinden. Barack Obama war ein Vorreiter, aber auch Justin Trudeau, Kanadas Premier, oder der ukrainische Präsident, Wolodymyr Selenskyj, nutzen die Kraft der Inszenierung in den sozialen Medien. Aber sie nutzen auch die empathische Kraft der Musik.

Musik war immer dabei, wenn sich die Welt verändert hat. Nicht nur bei den Antikriegsdemos Ende der 1960er-Jahre in den USA. Bereits zu Zeiten der Französischen Revolution im Jahr 1792 komponierte der französische Offizier Claude Joseph Rouget de Lisle ein Lied, das bis heute den Zusammenhalt der Nation symbolisiert: die »Marseillaise«.

Musik kann den Diskurs in Gang bringen – und sie holt Menschen ab. Vor allem aber geht es in der Musik darum, es leicht aussehen zu lassen. Das ist die Kunst großer Musik, es leicht aussehen zu lassen.

Auch wenn es schwer ist.

MEIN INTERNAT, MEIN SUPERTEAM

Mein Wahlkampf wurde nicht leicht. Ich hatte kein politisches Amt inne und war in einem anderen Kreisverband angedockt, hatte kein eingespieltes Wahlkampfteam. Ich war erst seit fünf Jahren in der CDU, da ist man immer noch ein Neuling. Die meisten anderen Kandidaten und Kandidatinnen sind länger, manche 20, 30 Jahre in der Partei und haben ein enges Netzwerk an Helfern. Ich musste erst noch ein Team suchen und aufbauen. Und ich fand ein Superteam.

Als feststand, dass ich kandidiere, rief ich meine Freunde aus dem Don-Bosco-Internat und meinen Bruder Jerome an. Sie alle sind Teil meines Lebens, wir haben uns nie aus den Augen verloren. Warum auch, wir sind wie Brüder. Wir waren sieben Jahre zusammen im Internat. Wir haben manchmal, wenn wir traurig waren, in einem Bett geschlafen, sieben Jahre denselben Waschraum benutzt. Wir haben alles, wirklich alles voneinander mitbekommen. Das ist meine Familie.

»Ich will in den Bundestag«, sagte ich ihnen am Telefon. »Klar, dass irgendwann auch das noch kommen muss«, frotzelten sie trocken. Und sie zögerten zuerst: »Für wen, für die CDU?« Aber sie kamen. Und streiften sich kommentarlos das CDU-Spandau-T-Shirt über und packten mit an. Sie standen gemeinsam mit mir am Stand in der Innenstadt und diskutierten sich die Seele aus dem Leib. Sie ließen sich für mich anschreien und teilweise auch beleidigen. Und sie zogen gemeinsam mit mir nachts durch ganz Spandau, um meine Wahlplakate aufzuhängen.

Ich erinnere mich noch gut, wie wir mitten in der Nacht in Spandau stehen und einer den Kopf schüttelt: »Joe, schau mich an, ich bin jetzt Anfang 50, habe drei Kinder, habe einen guten Job, lebe in Marokko und jetzt ist es zwei Uhr morgens und wir hängen Plakate in Spandau auf!«

Er war extra aus Marokko angereist. Ein anderer Freund kam mit seiner Tochter aus Köln, mein Bruder und mein Neffe aus Essen. Ihre Aufgabe in jener Augustnacht: Sie mussten den Bezirk mit Fotos von meinem Kopf plakatieren. Mitten in der Nacht, immer auf eine Trittleiter steigen, Kabelbinder raus, Joe an den Laternenmast binden.

RASSISMUS VERQUER

Sie hatten so etwas noch nie gemacht, ich hatte immerhin ganz früher mal für eine Veranstaltung mit Guido Westerwelle Plakate geklebt. Und so brauchten wir eine Weile, bis jeder Handgriff saß. Auf der anderen Straßenseite beobachteten wir die Leute von der SPD. Bei denen lief es wie am Schnürchen, sie waren eingespielt.

Als mein Freund gerade auf die Trittleiter stieg, kam eine Gruppe junger Leute auf uns zu, sichtbar und später auch hörbar aus dem linken Spektrum. Sie beschimpften ihn wüst, weil er CDU-Plakate aufhängte.

Er hatte Mühe, nicht die Fassung zu verlieren.

Zum einen, weil er sich ja selber eher links verortet – und zum anderen, weil der Einzige aus unserer Gruppe, den die Linken sofort feierten, ausgerechnet ich war, der Schwarze.

Obwohl mein Kopf an der Laterne hing, obwohl klar und deutlich CDU auf meinem Plakat stand, feierten sie mich und prangerten gleichzeitig ihn dafür an, CDU-Plakate aufzuhängen. Rassismus verquer!

Kurze Zeit darauf wurde ich ins Zukunftsteam von Armin Laschet für die Kultur- und Kreativwirtschaft berufen. Das war ein deutliches Zeichen für die Wichtigkeit dieser beiden Bereiche.

Am Ende reichte es nicht ganz. Ich holte bei der Bundestagswahl am 26. September 2021 insgesamt 23,5 Prozent der Erststimmen. Damit unterlag ich dem SPD-Kandidaten Helmut Kleebank, der mit 32,8 Prozent das Direktmandat holte und in den Bundestag einzog. Kleebank war seit 2011 Bezirksbürgermeister in Spandau. Die Wählerinnen und Wähler kannten ihn. Ich war der Neue. Und da ich nicht über die Landesliste abgesichert war, sitze ich heute nicht im Bundestag. Aber ich bin gewillt, wieder anzutreten, weil ich überzeugt bin, dass wir die Themen in Angriff nehmen müssen.

EIN QUERSCHNITT MEINER GESCHICHTE

Ich bin ein Quereinsteiger. Und ich glaube, es wird immer mehr auf den Austausch zwischen Politik und Wirtschaft, Politik und Kultur ankommen.

Die Themen, die mir am Herzen liegen, sind ein Querschnitt meiner Geschichte, meiner Biografie: Kultur- und Kreativwirtschaft, Themen wie Kirche und Kirchenpolitik, die christliche Prägung einer Gesellschaft und das Verhältnis zu Afrika.

Im Januar 2022 wurde ich auf dem digitalen Bundesparteitag mit 799 von 983 Stimmen in den Bundesvorstand der CDU gewählt, mit dem besten Ergebnis aller Kandidaten und Kandidatinnen. Ich bin der erste Schwarze in diesem Gremium. Es ist ein Ehrenamt – in jeder Hinsicht. Aber es ist ein sehr guter Ort, um meine politischen Ideen zur Zukunft des Landes einbringen zu können.

»RESILIENZ UND SICHERHEIT IN DEUTSCHLAND ERHÖHEN«

Sehr geehrte Damen und Herren,
liebe Freunde,

dem Gefühl wachsender Unsicherheit
in Deutschland müssen wir entgegenwirken.

In meiner Partei, der CDU, die über Jahrzehnte
hinweg für Stabilität und Sicherheit
in Deutschland stand,
arbeiten wir daran – gerade auch im Bundesvorstand –,
an diese Zeiten anzuknüpfen und
den Begriff Sicherheit
als zentrale Aufgabe der Politik zu definieren.

Denn durch kluge Sicherheitspolitik
war das Land fest verankert
in europäischen und globalen Bündnissen.
Wenn Gefahr drohte, wurde in Deutschland
klug und präventiv
im Sinne der Sicherheit gehandelt.

Doch die Vorzeichen haben sich geändert.
Sicher ist heute nur noch die Unsicherheit.
Und es ist nicht nur eine gefühlte Unsicherheit.

Ganz im Gegenteil:
Das Leben ist unsicher geworden, keine Frage.
Durch Gewalt und Kriminalität,
durch eine sich rasant wandelnde digitale Welt,
durch globale Bedrohungen wie den Klimawandel,

durch Ressourcenverknappung und nicht
zuletzt durch einen russischen Angriffskrieg
auf die Ukraine – der massive Sicherheitslücken
in Deutschland offenbarte.

Das einst so sichere Deutschland
enthüllte massive militärische Defizite
sowie eine bedrohliche Energieabhängigkeit.
Während Corona hieß es,
die Pandemie zeige wie unter dem Brennglas
Schwächen, beispielsweise
bei der digitalen Ausstattung
von Schulen und Gesundheitsämtern.

Das Brennglas zum Ukraine-Konflikt
legte eine andere bittere Wahrheit offen:

Die nationale Sicherheit steht auf dem Spiel.

Mit dem 24. Februar 2022
erlebte auch der Letzte im Land,
wie sich Gewissheiten von einem Tag
auf den anderen auflösen
und sich die Erkenntnis breitmacht,
wie tiefgreifend und schnell sich
die Welt verändern kann.

Und wie wichtig – und vor allem
wie zukunftsentscheidend – es ist,
einen neuen Sicherheitsbegriff zu etablieren.

Es liegt an uns, präzise, unabhängig und
mit Weitblick
die künftige sicherheitspolitische Lage einzuschätzen.
Es liegt an uns, aus dem Zusammenhang
zwischen Energiepolitik und Sicherheitspolitik
die richtigen Schlüsse zu ziehen.

Denn die bisherige europäische Sicherheits-
und Friedensarchitektur
existiert nicht mehr.

Wir werden von Russland bedroht,
ganz offen, ganz feindselig.
Wladimir Putin, den wir noch
bis Anfang 2022 als Stabilitätsfaktor ansahen,
hat den westlichen Demokratien den Krieg erklärt.

Und globale Akteure, wie China und Indien,
die wir als wichtige Wirtschaftspartner betrachten,
verurteilen die Aggression Russlands nicht,
im Gegenteil.

Auch Länder wie Senegal, Brasilien oder Südafrika
haben sich nicht automatisch an die Seite
der westlichen Verbündeten gestellt.

Ja, die Gewissheiten sind dahin.
Und kein anderes Land ist von
aktuellen Umbrüchen mehr betroffen
als Deutschland.

Wir haben viele Jahre günstig aus aller Welt
Rohstoffe und Vorprodukte importiert,
um daraus Endprodukte zu fertigen,
die wir teuer verkauft haben.

Das ist das Fundament unseres Wohlstands.
Doch genau dieses Modell erweist sich
nicht mehr als zukunftsfähig.

!

Wenn aber Arbeitsplätze und Einkommen
gefährdet sind,
braucht Deutschland eine neue Globalisierungsstrategie,
die sich mehr mit den Wachstumsmöglichkeiten

in der EU, den USA und Afrikas beschäftigt
und die Abhängigkeit von anderen Staaten
neu bewertet.

Eine unmittelbare Lehre
aus der aktuellen Entwicklung ist daher,
den Freihandel mit anderen Demokratien
zu verstärken.
Denn wir müssen den hohen Eigenwert
eines freien und demokratischen Handelns
neu verinnerlichen.

Globalisierungs- und Sicherheitsstrategie
sind zwei Seiten einer Medaille und
machen erkennbar,
dass Deutschland mehr Verantwortung
in der Welt übernehmen muss.

So müssen auch Wirtschaft und Beschäftigte,
Wissenschaft und Innovationstreiber,
Zivilgesellschaft und Denkfabriken
in die Arbeit eines neu gestalteten
Nationalen Sicherheitsrates integriert werden,
der vernetzt und ressortübergreifend
zusammengesetzt sein muss.

Wir wollen keinen zurücklassen.
Denn das Gefühl,
sich in unsicheren Zeiten
selbst überlassen zu bleiben,
verstärkt nicht nur das Misstrauen gegen die Politik. !
Es verstärkt vor allem auch
das Unsicherheitsgefühl.
Und im Ukraine-Krieg zeigt sich,
dass wir weder militärisch noch strategisch
in der Lage wären,
uns eigenständig zu verteidigen.

Wir waren zu sorglos.
Wir haben uns zu sehr
in falscher Sicherheit gewiegt.
Und wir haben uns zu sehr auf andere verlassen.

Das heißt: Deutschlands Resilienz und Sicherheit
müssen erhöht werden.

Deutschland muss seine Verteidigungskräfte
an die neue Wirklichkeit anpassen. !

Wir brauchen eine umfassende Strategie,
die einen vernetzten und ressortübergreifenden
Sicherheitsbegriff
ebenso enthalten muss
wie eine Verknüpfung von militärischen und
zivilen Instrumenten.

Dazu müssen wir präzise ausbuchstabieren,
welche Bedrohungslagen
auf uns zukommen werden.
Denn je genauer wir sie identifizieren,
je klarer uns die unterschiedlichen
Perspektiven sind,
desto besser können wir uns darauf vorbereiten
und desto effektiver darauf reagieren.

Denn alles ist mit allem verbunden –
und der Kern von allem ist Sicherheit.

Seinen Bürgern Freiheit in Sicherheit
zu gewähren,
ist die wichtigste Aufgabe eines
demokratischen Rechtsstaates.

Der Staat muss für den Schutz seiner Bürgerinnen und
Bürger sorgen.

Schutz vor militärischer Bedrohung.
Schutz vor den Gefahren durch Terrorismus und organisierte Kriminalität.
Schutz vor Extremismus.

Aber auch Schutz vor Klimafolgeschäden, Hitzewellen, Flutkatastrophen, Ernteausfällen.
Schutz bei der Energieversorgung,
bei der Versorgung von Nahrungsmitteln,
in der Infrastruktur,
Schutz aber auch im Hinblick auf
den gesellschaftlichen Zusammenhalt.

Das sind keine Zusatzaufgaben des Staates:
Das ist das Fundament eines Staates –
und das Fundament seines Wohlstands.

Denn wirtschaftlicher Erfolg
wird nur möglich sein,
wenn wir alle Sicherheitsinteressen berücksichtigen.

Ökonomische Sicherheit ist
ein untrennbarer Teil der nationalen Sicherheit. !

Sicherheitspolitik im 21. Jahrhundert ist
für mich eine Politik der vernetzten und
ressortübergreifenden, umfassenden Wahrung
der Freiheit, des sozialen Friedens.

Die Sicherheit beinhaltet auch
die Sicherheit von Arbeitsplätzen und Einkommen.
Daher brauchen wir eine neue Globalisierungsstrategie,
die sich mehr mit den Wachstumsmöglichkeiten
in Ländern der EU, den USA,
den Ländern Lateinamerikas und Afrikas beschäftigt
sowie die Abhängigkeit von
anderen Staaten neu bewertet.

Wir brauchen eine neue Sicherheitsarchitektur,
wir brauchen eine neue Nationale Sicherheitsstrategie,
nur dann wird sich Deutschland
in einer veränderten Welt behaupten.

Und vor allem wird unser Land
mehr Verantwortung in der Welt
übernehmen müssen.

!

Freies und demokratisches Handeln
sind kein Wert an sich,
sie müssen verteidigt, für sie muss gekämpft werden.

Ja, wir werden Sicherheit
ganzheitlich neu denken müssen,
Wirtschaft, Wissenschaft, Militär und Politik
müssen an einem Strang ziehen,
um Sicherheit und Souveränität zu ermöglichen.

Wir müssen mögliche Bedrohungen
viel stärker präventiv in den Blick nehmen.
Und wir müssen präventiv handeln.

Die wirkungsvollste Methode,
mehr Sicherheit zu schaffen,
ist in jedem Fall,
Verantwortung zu übernehmen.

Die Deutschen machen sich große Sorgen
um ihre Sicherheit,
ihre Versorgung, ihre Zukunft.

Auch meiner Partei, der CDU, geht es nicht anders.
Wir wollen, dass unser Land durch eine
besonnene, entschlossene und
vorausschauende Politik
eine gute, sichere Zukunft hat.

– ZEHN –

Warum der Kampf weiter- gehen muss

MEIN AUSBLICK

»Ich meine, weder bin ich im Besitz der großen Wahrheit, die ich unbedingt kundtun möchte, noch habe ich beispielhafte Erfahrungen gemacht, die unsere Zeitlast und die Umstände unseres Seins erhellen könnten. Aber ich habe gelebt.«

Abdulrazak Gurnah, *Ferne Gestade*

Übersetzung: Thomas Brückner

EIN LEBEN ZWISCHEN ZWEI WELTEN, ZWEI HEIMATEN, ZWEI KONTINENTEN

Ich bin ein Afropäer. Das sage ich mit Stolz. Denn ich habe gelernt, was es heißt, beide Seelen zu einer zu machen.

Es war ein gewaltiger Bogen. Katholischer Klosterschüler. Lehrling. Zerspanungsmechaniker. Student. Kellner. Türsteher. Sänger einer Crossover-Metal-Band. Praktikant bei einer Plattenfirma. Promoter bei Radiosendern. Talentscout. Manager im Musikbusiness. Gründer eines eigenen Labels. Bundestagskandidat. Mitglied im CDU-Bundesvorstand.

Ein harter und langer Weg. Aber jede Etappe war ein konsequenter Schritt, folgte dem, wie ich erzogen und geprägt wurde. Im christlichen Glauben, im radikalen Optimismus.

A luta continua – Der Kampf geht weiter. Das Fazit meines bisherigen Lebens, aber auch eine Erkenntnis: Kampf ist notwendig. Nichts bewegt sich von alleine. Für diesen Kampf braucht es in jedem Fall Entschlossenheit, braucht es Siegeswillen – und doch heißt Gewinnen in diesem Kampf nicht, den anderen zu beherrschen.

Wir müssen uns anstrengen, ein besseres Leben zu schaffen. Und diese Anstrengung begleitet mich mein Leben lang. Um das zu erreichen, bedarf es alltäglicher Kämpfe. Und es braucht immer den Willen und die Bereitschaft, sich für etwas Großes und noch Größeres einzusetzen.

Der digitale Wandel verändert viel. Wie wir leben, wie wir arbeiten. Doch wir sind verantwortlich dafür, dass dieser Wandel nicht unsere Einstellung zur Arbeit verändert. Ohne zuverlässige und hoch qualifizierte Arbeitskräfte werden wir unseren Wohlstand nicht sichern können. Tausende unbesetzte Ausbildungsplätze sind kein gutes Zeichen. Auch nicht, dass Betriebe im Handwerk, Handel, Verkauf, im Lebensmittelbereich und Gastgewerbe händeringend Fachkräfte suchen.

Das sind alles gute Berufe, das sind wichtige Berufe. Da arbeiten Menschen, die Tag für Tag das Land am Laufen halten – und die immer noch viel zu wenig Wertschätzung erfahren. Es liegt an uns, endlich die berufliche und akademische Ausbildung gleichwertig zu behandeln – und besser als bisher in Schulen und unter jungen Menschen für Ausbildungsberufe zu werben.

Die Dauerempörung bringt uns nicht weiter. Wir können uns nicht alle gegenseitig wegcanceln, wir müssen uns einfach aushalten: Ja, es gibt andere Meinungen. Wir sollten aber nicht immer Gräben aufmachen, nicht immer neue Fronten ziehen, nicht sofort das Visier herunterklappen und den anderen wegen dessen Meinung geringschätzen.

Wenn mich jemand fragt: »Woher kommst du eigentlich?«, steckt dahinter nicht automatisch ein rassistischer Angriff. Wenn da die Emotionen sofort hochkochen, wie sieht dann eine angemessene Reaktion auf einen rassistischen Angriff aus böser Absicht aus?

Überhöhte Emotionen bringen uns unserem Ziel nicht näher. Wir müssen wieder lernen, uns gegenseitig zuzuhören – und andere Meinungen auszuhalten. Das ist anstrengend, aber das gehört zu einem respektvollen Miteinander dazu.

Die Kirche ist ein zentraler Bestandteil meines Lebens. Sie hat mir Geborgenheit und Halt gegeben, sie war und ist mein Zuhause. Doch inzwischen ist die katholische Kirche an einem Tiefpunkt angekommen. Die Mitglieder verlassen zu Tausenden ihre Gemeinden. Auch weil die Kirche in Deutschland nicht in der Lage ist, die zahlreichen Missbrauchsskandale konsequent und transparent aufzuarbeiten. Um aus diesem Sumpf herauszukommen, bedarf es neuer, demokratischer Strukturen – und grundlegender Reformen. Es wird höchste Zeit, als katholische Kirche in der Gegenwart anzukommen, sonst wird sie keine Zukunft mehr haben.

MEIN CREDO FÜR MUT UND ZUVERSICHT

Wir können uns nicht länger nur zurücklehnen. Das Leben in der Vollkasko-Mentalität gehört der Vergangenheit an. Statt uns darauf zu verlassen, dass es irgendwie klappt, müssen wir uns gerade machen – und unsere Zukunft in die Hand nehmen. Diese Schläfrigkeit und das Dauergejammer, dieses Mimimi-geht-nicht!, das steht uns nicht gut, es entspricht nicht dem Geist dieses Landes, das immer nach vorne geblickt und Chancen wahrgenommen hat.

Stagnation ist immer ein Rückschritt. Wenn ein Unternehmen nicht wächst, geht es früher oder später unter. Und wenn wir aufhören, selbst zu wachsen, wenn wir aufhören, Wachstum durch Investitionen und Innovationen zu steigern, und wenn wir aufhören, alle Willigen, Mutigen und Leistungsbereiten mitzunehmen, werden wir unser Wohlstandsniveau nicht halten können.

MEIN CREDO FÜR EIN OFFENES MITEINANDER

Als Afropäer will ich vor allem Brückenbauer sein. Ich will Kulturen verbinden und meinen Teil beitragen, kulturelle, ökonomische Brücken zwischen dem afrikanischen und dem europäischen Kontinent zu bauen. Denn in Europa gibt es immer noch Zerrbilder vom afrikanischen Kontinent, wie sicher auch in Afrika noch immer falsche Vorstellungen von der europäischen Wirklichkeit existieren. Deshalb müssen wir das Verbindende suchen, müssen nach Chancen der Kooperation und des Miteinanders suchen – denn nur so werden wir uns als Gesellschaften weiterentwickeln. In einer globalisierten Welt rücken Europa und Afrika noch näher zusammen und sollten einen Schulterschluss suchen.

MEIN CREDO FÜR EINE LEBENDIGE KULTUR

Kultur ist heute oft der einzige Ort, an dem Menschen noch gemeinsam etwas erleben. Kultur bringt Menschen zusammen. Und auch dafür kämpfe ich. Mir würde es das Herz zerreißen, wenn Künstlerinnen und Künstler noch einmal in eine Situation geraten wie in den Pandemiejahren 2020 und 2021. Bei allem Verständnis und bei aller Sinnhaftigkeit der Corona-Schutzmaßnahmen – wie selbstverständlich die Kultur- und Kreativwirtschaft da außen vor blieb, macht mich noch heute fassungslos.

Ich habe erlebt, was es für die Menschen bedeutete, die ihre Kunst nicht mehr mit anderen teilen konnten, die nicht mehr auftreten durften. Das war für viele Künstler ein brutaler Einschnitt in ihr bisheriges Leben. Wir brauchen Kultur – gerade in unsicheren Zeiten. Sie ist Teil einer notwendigen Herzensbildung, sie macht den Menschen zum Menschen.

MEIN CREDO FÜR DIE ZUKUNFT

Für die Generation meiner Tochter wünsche ich mir, dass wir wieder größer denken, dass wir in Lösungen denken, in Lösungen für eine neue Mobilität, in Lösungen für eine neue Energieversorgung, Lösungen für einen ökologisch-ökonomischen Wandel. Ein moralisches »Wir müssen jetzt endlich mal etwas tun« bringt uns nicht weiter. Tatsächlich werden wir etwas ändern müssen. Das sollte Ansporn sein, die Bürokratie effizienter zu gestalten. Die Aussicht darauf, drei Schritte weiter zu sein als die anderen, sollte uns antreiben, nicht hemmen.

Für das, was vor uns liegt, gibt es keine Blaupausen. Wege entstehen dadurch, dass man sie geht. Gehen wir also jetzt voran, warten wir nicht darauf, bis uns jemand den Weg zeigt. Das Beste aus einer Situation zu machen, heißt einfach, etwas zu tun, weil das Land besser ist, als man denkt. Weil die Bürger vernünftig sind – und weil man hier gut leben und arbeiten kann. Dafür lohnt sich jeder Einsatz. Ich selbst, ich kann nicht anders. Deshalb geht für mich die Anstrengung weiter. Deshalb geht für mich der Kampf weiter. Das ist das Erbe meines Vaters:

A luta continua!

Ich möchte mich für die Unterstützung und Mitwirkung in diesem Buch bei Claudia Lux, Berenike von Wenkelstein und Christoph Schlegel herzlich bedanken – ohne keinen von euch wäre dieses Buch das geworden, was es jetzt ist.

Dieses Buch wurde klimaneutral gedruckt.

Bibliografische Information der Deutschen Nationalbibliothek
Die Deutsche Nationalbibliothek verzeichnet diese Publikation in der Deutschen Nationalbibliografie; detaillierte bibliografische Daten sind im Internet über http://dnb.de abrufbar.

Druck und Bindung: CPI books GmbH, Leck
ISBN 978-3-86774-739-4

Besuchen Sie unseren Webshop: www.murmann-verlag.de
Ihre Meinung zu diesem Buch interessiert uns!
Zuschriften bitte an info@murmann-publishers.de
Den Newsletter des Murmann Verlages können Sie anfordern unter
newsletter@murmann-publishers.de